HIGHLIGHTS NEUSEELAND

DIE 50 ZIELE, DIE SIE GESEHEN HABEN SOLLTEN

HIGHLIGHTS NEUSEELAND

Clemens Emmler
Thomas S. Frank

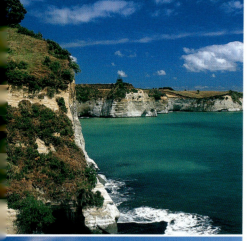

Egal, wie viel Zeit man für eine Reise durch Neuseeland einplant – sie wird immer zu kurz bemessen bleiben. Die Inseln im Südpazifik bieten vielfältige, landschaftliche Schönheit, dicht gepackt auf engem Raum wie eine Bonboniere der Schöpfung.

Inhaltsverzeichnis

■ Naturwunder Neuseeland	12	

Die Nordinsel — 18

№		Seite
1	Fahrt ans Nordkap: Cape Reinga	20
2	Bay of Islands	24
3	Kauri-Wald Waipoua	28
4	Die armen Ritter	28
5	Tölpelkolonie Muriwai Beach	29
6	Wilder Westen Waitakere	29
7	Metropole Auckland	32
8	Halbinsel Coromandel	36
9	Tourismuszentrum Rotorua	40
10	Mount Maunganui	46
11	Lake Taupo	46
12	Urewera National Park	47
13	Mount Taranaki	47
14	Waitomo Valley	48
15	Tongario National Park	50
16	East Cape	52
17	Hawkes Bay	56
18	Whanganui River	58
19	Wellington: kleine, sympathische Hauptstadt	60
20	WOW: Festival der tragbaren Kunst	64

Die Südinsel — 66

№		Seite
21	Marlborough Sound	68
22	Nelson-Tasman-Region	70
23	Golden Bay	74
24	Karamea	80

25	Shantytown	80	40	Der Reisehöhepunkt	124
26	Hokitika	81	41	Fjordland National Park	128
27	Die Lagune von Okarito	81	42	Durch den tiefen Süden	132
28	Westküste	82	43	Stewart Island	136
29	Westland National Park	88			
30	Mount Aspiring National Park	90			
31	Halbinsel Kaikoura	92			
32	Christchurch	98			
33	Banks Peninsula	102			
34	Mount Cook National Park	106			
35	Oamaru	108			
36	Moeraki	110			
37	Dunedin	112			
38	Halbinsel Otago	116			
39	Queenstown	120			

Abenteuer, Wein, Wandern und mehr — 140

44	Abenteuer Urlaub	142
45	Wanderparadies Neuseeland	146
46	Einkaufen	148
47	Maori-Kultur	150
48	Essen	152
49	Weinanbau	154
50	Übernachten	156
	Register	162
	Impressum	164

Die Menschen Neuseelands sind vielfältig wie ihr Land. Von polynesischen Seefahrern vor tausend Jahren zum ersten Mal besiedelt, ab 1840 von England kolonisiert und in den letzten 20 Jahren von Einwanderern aus aller Welt entdeckt, präsentiert sich die Gesellschaft Neuseelands heute als mustergültig tolerant und multikulturell.

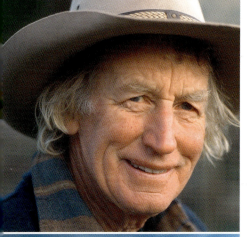

Neuseeland ist ein junges Land, in dem Platzmangel unbekannt ist. Freizeit hat fast immer mit Frischluft und nackten Füßen zu tun. Eine Ausnahme ist das Art-dèco-Festival von Napier (Bild rechts). Hier kostümiert sich das Städtchen an der Hawkes Bay ein ganzes Wochenende lang, um seine historischen Wurzeln zu feiern.

Naturwunder Neuseeland

Traumziel am Ende der Welt

Von allen Reisezielen ist Neuseeland das fernste: Von Frankfurt fliegt man zwölf Stunden (9395 km) nach Los Angeles, von dort 13 Stunden (10 488 km) – diagonal über den gesamten Pazifik – nach Auckland. Diese Abgeschiedenheit hat Menschen bis vor 1000 Jahren ferngehalten und bewirkt noch heute, dass Massentourismus in Neuseeland unbekannt ist. Selbst zur Hauptreisezeit verteilen sich selten mehr als 100 000 Urlauber auf dieses Land, das so groß wie Japan oder Großbritannien ist.

Besucher finden in Neuseeland auf 1600 Kilometer Nord-Süd-Ausdehnung mehr Naturschönheit und Kontraste als in vielen anderen weitaus größeren Ländern. Die Landschaften sind tatsächlich so eindrucksvoll und abwechslungsreich, wie sie der Filmregisseur Peter Jackson in seiner monumentalen Trilogie vom »Herrn der Ringe« der Welt vorgestellt hat: Goldfarbene Strände an türkisfarbenen Lagunen wechseln mit den schroffen Felswänden urtümlicher Fjordlandschaften und donnernden, eiskalten Brechern ab. Auf sanft gewelltes Hügelland folgen schneebedeckte Vulkane, die oft Dampf ausstoßen und manchmal Feuer speien. Kochend heiße Wasserfälle stürzen in einen Regenwald, aus dem Palmen und acht Meter hohe Baumfarne ragen. Anderswo formen Gletscher blauweiße, glitzernde Eisskulpturen und schieben sich durch immergrüne Urwälder.

Die Fauna ist ähnlich ungewöhnlich: Seltsame flugunfähige Vögel wie der Kiwi und Takahe laufen durch den Busch, auf abgelegenen Inseln hat sich die prähistorische Brückenechse Tuatara erhalten. Nirgendwo aber gibt es Schlangen oder Raubtiere, die dem Menschen gefährlich werden. Wildnis ist in Neuseeland deshalb auch für Städter erfahrbar.

Menschen, die hier leben, haben mehr Platz zur Verfügung als anderswo – das macht sie freundlich und gelassen. Die Mehrheit lebt in Eigenheimen mit Garten und kennt – Auckland und Wellington ausgenommen – keine Parkplatzsorgen, keinen Stau.

Im Supermarkt lächelt die Verkäuferin und packt die Lebensmittel ganz selbstverständlich in Tragetaschen. Im Restaurant kann man zum Essen nur eine Karaffe Wasser bestellen, und niemand wird deshalb böse schauen. An der

Naturwunder Neuseeland

Da die Landmasse Neuseelands vor rund 90 Millionen Jahren vom Urkontinent Gondwana losbrach, hat sich die Fauna eigenständig entwickelt. Zu den Stars dieser einzigartigen Entwicklungsgeschichte zählt der Kiwi, ein flugunfähiger, geschützter Laufvogel (ganz oben) und die Brückenechse Tuatara (oben), ein Relikt aus der Zeit der Dinosaurier.

Tankstelle braucht keiner zu prüfen, ob er im Tank hat, was er bezahlt. Die Menschen sind ziemlich ehrlich hier. Das hat Dinge erhalten, die anderswo längst verloren gegangen sind. Da ist etwa die »Honesty Box«. Sie steht da, wo Waren unbewacht an der Straße zum Verkauf angeboten werden. In diese »Ehrlichkeitskiste« wirft man Geld, wenn man einen Kürbis kauft oder einen leeren Tennisplatz benützt.

Dieses Anderssein findet man bei einem Tratsch im kleinen Laden auf dem Land, bei einem Bad in irgendeinem Bach, an einem Samstagabend in der Kneipe, im täglichen Einerlei zwischen Schafhirten und Milchtankwagenfahrern.

Nach diesen Kriterien sind die 50 Highlights ausgewählt – Begegnungen mit der herrlichen Natur und den oft ein wenig kauzigen Bewohnern stehen dabei im Vordergrund.

Die Nordinsel

Die ersten Menschen kamen erst vor 1000 Jahren nach Neuseeland – deshalb nennt man es auch oft das jüngste Land der Welt. Aus den Nachfahren dieser polynesischen Seefahrer entstand im Laufe der Jahrhunderte das Volk der Maori, bis heute unterteilt in etwa 40 Stämme.

Die Maori stellen 15 Prozent der insgesamt 4 Millionen Einwohner, 90 Prozent von ihnen leben auf der Nordinsel. Das gibt Gebieten wie Auckland, Rotorua, dem winterlosen Norden und dem Ostkap polynesisches Gepräge. Reisende kommen hier mit den Maoris und ihrer faszinierenden Kultur und Weltanschauung in Berührung.

Die Nordinsel Neuseelands dehnt sich in subtropische Gefilde aus: Warmes Wasser, Sonnenschein und mildes Klima haben sie bei Einwanderern zu allen

Naturwunder Neuseeland

Zeiten populär gemacht. Heute leben hier dreimal mehr Menschen als auf der größeren Südinsel. Die höhere Bevölkerungsdichte hat Städte geformt, die stolze Pläne verwirklichen halfen.

In der Metropole Auckland ist die Millionengrenze überschritten; hier wurde Mitte 1997 mit dem Skytower der höchste Turm der südlichen Hemisphäre eröffnet. Für zwei Segelregatten um den America's Cup sind stadtnahe Hafenbecken großzügig und interessant ausgebaut worden.

Auch die Hauptstadt Wellington hat sich in den letzten Jahren Denkmäler am Hafen gesetzt. Im hochmodernen Nationalmuseum Te Papa Tongarewa (Kostenpunkt: 280 Millionen Dollar) wird auf sechs Ebenen die Entwicklung Neuseelands von der ersten Besiedlung bis zum heutigen modernen Staat dargestellt. Das Wind abweisende, rund gebaute Sportstadion (im Volksmund: die »Keksdose«) zeigt, was fast alle Neuseeländer interessiert, nämlich Rugby.

Zwei Wochen Zeit sind mindestens erforderlich, um die Nationalparks der Nordinsel ein bisschen kennenzulernen wie die Wiege der Nation an der Bay of Islands, die gewaltigen Vulkansysteme um Ruapehu und Taranaki, den wilden und dann stillen Lauf des Flusses Whanganui sowie die gewaltigen Urwälder der Urewera.

Die Südinsel

Neuseeland gilt heute – vom Ozonloch im Himmel abgesehen – als die letzte große ökologische Nische des Planeten. Damit ist vor allem die Südinsel gemeint. Hier verteilt sich knapp eine Million Menschen auf eine Fläche, die halb so groß wie Deutschland ist. Die Luft und das Wasser sind kristallklar, die

Auf einer Reise durch die Südinsel ist es leicht, eindrucksvolle Landschaftsbilder aufzunehmen. Ganz links: Kreidefelsen erheben sich im Hochland des Mackenzie Country, wo nur etwa 500 Millimeter Regen im Jahr fallen. Links: Wind und Regenwetter haben die traumhafte Küstenlandschaft am Knights Point an der Westküste geschaffen.

15

Naturwunder Neuseeland

Ganz oben: Das Wairautal bei Blenheim ist die Heimat der besten Sauvignon Blancs.
Rechts: Saftiges Farmland bei Waipoua.
Ganz rechts: An der Bruce Bay in Westland laden meterhohe Brecher Treibholz ab – manchmal stammt es aus Afrika.

Steaks saftig und die Austern sind die besten der Welt.

Auto- und Motorradfahrten auf guten, leeren Straßen machen Spaß und präsentieren prachtvolle Natur. Nationalparks schützen die »ertrunkenen« Täler der Marlborough Sounds, den gewaltigen Bogen der Southern Alps mit dem Mount Cook als höchstem Punkt, die Wildnis des Fjordland National Parks, die Westküste, wo Regenwald und Gletscher sich am Meer treffen. Im Osten liegen die Städte Christchurch und Dunedin. In ihrer Nähe warten Wale, Albatrosse und Pinguine auf Besuch.

Es ist ein Wasserland – voller Seen und großer Flüsse – und dementsprechend beliebt sind auch die Wasserspiele. So hat ein Einheimischer namens Hamilton etwa ein Boot gebaut, das in zehn Zentimeter tiefem Wasser 300 Pferdestärken loslassen kann. »Jetboating« heißt das Spiel, mit so einem Boot in schmalen Schluchten dahinzufetzen. Die Spitzengeschwindigkeit auf dem Wasser beträgt 80 Stundenkilometer.

Die Südinsel hat noch einen besonderen Sportaspekt, die Southern Alps, zu bieten: einen Hochgebirgszug, der, nach Europa verlegt, von Frankfurt bis nach London reichen würde. Zwischen Juni und September sind ein paar urige Skigebiete um die Urlaubsorte Queenstown und Wanaka die Attraktion. Diese Südalpen werden einmal im Jahr von Männern und Frauen im Laufschritt, per Kajak und im Fahrrad überquert; die Besten wanken nach zwölf Stunden und 200 Kilometern entkräftet durch das Ziel in Christchurch, wo der inzwischen wohlhabende Veranstalter, ein Kettenraucher, ihnen die Hand drückt und ein Geschenk des Hauptsponsors überreicht: eine Dose Bier.

Die Nordinsel Neuseelands prunkt mit fantastischen Küstenlandschaften wie den Drei Schwestern (ganz oben) und an der Bay of Islands (mitte oben). Auch die Staatsgründung erfolgte auf der Nordinsel – sie wird am 6. Februar gefeiert. Dazu gehört ein zünftiger Kriegstanz. Auf diesen Haka freuen sich furchterregende Krieger aller Hautfarben (rechts).

Die Nordinsel

Die Nordinsel

1 Fahrt ans Nordkap: Cape Reinga

Reise in den winterlosen Norden

Wie eine Nadel erstreckt sich Neuseelands nördlichste Festlandsprovinz vom Isthmus von Auckland 381 Kilometer nach Nordwesten hin. Das vulkanisch gebildete, manchmal kaum 20 Kilometer breite Hügelland hat zwei Gesichter: An der Westküste läuft die Tasman-See oft mit großer Gewalt auf, im Osten schützen Halbinseln die Buchten und zahlreiche Strände laden zum Baden ein. Die Maori stellen ein Drittel der Bevölkerung und verleihen dem Norden ein polynesisches Flair.

Ganz oben: Der Leuchtturm am Cape Reinga warnt Schiffe vor Felsen am Nordkap Neuseelands. Oben: Rushhour am 103 Kilometer langen Ninety Mile Beach. Rechts oben: In der Matauri Bay erinnert ein Denkmal an das Greenpeace Schiff *Rainbow Warrior*, das französische Geheimagenten 1985 im Hafen von Auckland durch Sprengung versenkten.

Neuseelands Nordspitze wird wegen des milden, feuchten Klimas auch als der »winterlose Norden« bezeichnet. Das sanfte Klima, in dem die Süßkartoffel Kumara gedeiht und urtümliche Kauri-Wälder wachsen, machte das Gebiet erst für Maori und später auch für Weiße attraktiv. Heute prägen Milchwirtschaft, Rinderzucht und Zitrusfruchtanbau die Kulturlandschaft.

Die Fahrt an Neuseelands Nordkap beginnt im meistbesuchten Zentrum der Provinz: an der Bay of Islands. Man folgt der Straße entlang der Ostküste Richtung Norden. Erstes Ziel ist die Matauri Bay. Hier liegt das Greenpeace-Schiff »Rainbow Warrior« auf dem Grund des Meeres. Die Tauchattraktion sorgte 1985 weltweit für unrühmliche Schlagzeilen: Damals lag das Schiff im Hafen von Auckland und bereitete sich darauf vor, nach Französisch-Polynesien (Tahiti) auszulaufen, um die französischen Militärs bei ihren Atombombentests zu behindern. In einer Kommandoaktion wurde das Boot von französischen Geheimagenten gesprengt, wobei ein Besatzungsmitglied ums Leben kam. Die Agenten wurden in Neuseeland gefasst und zu Haftstrafen verurteilt; doch der diplomatische und wirtschaftliche Druck von Frankreich war so stark, dass sie bald wieder freikamen. Um an diese Infamie zu erinnern, ließ Neuseeland das Boot in Auckland heben und als Denkmal in der Matauri Bay »beisetzen«.

Am Whangaroa Harbour erreicht man wieder die Hauptstraße. Der herrliche Naturhafen hat auch an sonnigen Tagen etwas Geheimnisvolles. Auf dem Grund des Hafenbeckens liegen heute noch die Reste eines ausgebrannten Holzschiffes. Die Maori haben die *Boyd* 1809 versenkt, als Vergeltung dafür, dass einer der ihren auf dem Schiff ausgepeitscht worden war.

Die von James Cook »Doubtless Bay« benannte Bucht hat sanft abfallende

Fahrt ans Nordkap: Cape Reinga

Sandstrände. Ebenso schön ist die Coopers Beach mit den Pohutukawa-Bäumen, und an der Cable Bay findet man bunte Muscheln im goldfarbenen Sand. An diesen Stränden sind in den letzten Jahren schöne kleine Hotels gebaut worden, die zu ein paar Tagen Strandurlaub einladen.

Hinter Awanui wird der Norden karg. Was Waldbrände und Rodungen vernichtet haben, kann in dem windigen Landstrich nicht mehr neu entstehen. Der Weg zum Kap führt an den Houhora Heads vorbei. Hier informiert das Wagener Museum über Maori-Kunst, Kauri-Harz und Walfänger.

Viele (Touristen und Einheimische) meinen, in Cape Reinga am nördlichsten Punkt Neuseelands zu stehen – tatsächlich gebührt der Ruhm den Surville Cliffs weiter im Osten. Vor Cape Reinga treffen die Tasman-See und der Pazifik aufeinander. Bei gutem Wetter sind die Three Kings Islands auszumachen. Sie heißen so, weil der Holländer Abel Tasman hier am Dreikönigstag 1643 ankerte. 1902 ist dort der Dampfer *Elingamite* zerschellt und untergegangen – mit 43 Matrosen und einem Goldschatz an Bord, der bis heute nur in Teilen geborgen wurde.

In der Spirits Bay nahe dem Kap Reinga steht ein uralter, vom Wind verformter Pohutukawa-Baum. Die Maori glauben, dass die Seelen der Verstorbenen an seinen Wurzeln ins Meer gleiten und so ihre Reise zurück in die Urheimat aller Polynesier beginnen – auf die sagenumwobene Insel Hawaiki. Eine Insel mit diesem Namen findet man nicht auf der Landkarte, sie ist ein Symbol für den gemeinsamen Ursprung.

Auf dem Rückweg gibt es für geländegängige Fahrzeuge und Busse eine Alternativroute: Ninety Mile Beach ist eigentlich »nur« 103 Kilometer lang. Zu seinen Hauptattraktionen gehören riesige Wanderdünen und eine inzwischen selten gewordene Muschelart, die Tohoroa.

Die Rückfahrt nach Paihia führt durch Kaitaia, die nördlichste Stadt Neuseelands. Viele Menschen hier stammen aus Dalmatien, was das Städtchen jedes Jahr mit einem Volkstanzfestival feiert. Der lokale Exportartikel ist *kaitaia fire* – eine höllisch scharfe Chilisorte.

TOURENANGEBOTE

Wer wenig Zeit hat, kann das Nordkap per Flugzeug erkunden. Die Firma SaltAir in Paihia an der Bay of Islands fliegt mit kleinen Maschinen (Fensterplatz garantiert) entlang der Westküste zum Kap. Dort steigen die Besucher in geländegängige Fahrzeuge um und gehen auf eine etwa zweistündige Entdeckungsreise, die auch die Surville Cliffs mit einschließt. Danach fliegt die Maschine entlang der Ostküste und ihren herrlichen Buchten zurück nach Paihia. Die Tour dauert einen halben Tag und kostet etwa 180 Euro.
Salt Air, Paihia Waterfront, Tel. (09) 402 8338, *www.saltair.co.nz*

Cape Reinga kann auch in einer Busgruppe besucht werden. Der Vorteil gegenüber privaten Touren: Die Tourbusse sind für eine Fahrt über den 90 Mile Beach eingerichtet, eine Extratour, die Mietwagenfahrern verboten ist.
Kings: Paihia Waterfront,
Tel. (09) 402 8288,
www.dolphincruises.co.nz

Schon vor 300 Jahren gehörte es zum guten Ton, Sponsoren zu erwähnen: Cape Van Diemen taufte der erste weiße Besucher Neuseelands, Kapitän Abel Tasman 1643 nach seinem Geldgeber, dem holländischen Gouverneur von Batavia (Indonesien), Anthony Van Diemen. Auch eine weitere Entdeckung dieser Reise, die australische Insel Tasmanien, nannte der Seefahrer zunächst Van Diemens Land.

Die Nordinsel

2 Bay of Islands

An der Wiege der jungen Nation

Das alte Maori-Siedlungsgebiet war Brennpunkt der Kolonisierung Neuseelands: Im heutigen Russell entstand 1809 die erste Siedlung der Weißen und ab 1814 die ersten Missionsstationen in Rangihoua. Auf der Halbinsel Waitangi siedelte 1833 ein Vertreter Englands als Vorläufer der Kolonialregierung. Heute zieht das Urlaubszentrum des Northland Besucher aus aller Welt an. Sie können dort historischen Spuren folgen und an der herrlichen Bucht und auf den 150 Inseln Badeferien verbringen und Segeltörns unternehmen. Sportfischer aus aller Welt machen Jagd auf Schwertfische.

Die Geschichte Neuseelands ist kurz, historische Gebäude klein und niedlich. Unten: Christ Church in Russell mit Baujahr 1836 ist Neuseelands älteste Kirche. Rechts: Der Matrose hält die Staatsflagge. Die Mütze verrät, dass er auf *Her Majesty's New Zealand Ship Te Mana* dient. Die Königin ist englisch, der Name polynesisch und bedeutet Prestige.

Die Bay of Islands kündigt sich nicht an. Man fährt eine Anhöhe hinauf, gesäumt von dichtem Wald, halb in den Schlaf gewiegt von den gewundenen, schmalen Straßen des Northland – und plötzlich ist sie da: Dem staunenden Blick eröffnet sich eine sehr elegant geschwungene Bucht, gesäumt von Sandstränden. Im Grün der Hügel liegen halb verborgen schöne Ferienhäuser, auf dem Wasser ankern kleine und auch große Segeljachten. Fähren tuckern vom Pier in Paihia aus, dem Hauptort der Bay, hinüber in das kleine Dorf Russell, das auf einer vorgelagerten Halbinsel liegt.

Hier, am 35. südlichen Breitengrad, kommt Neuseeland nicht nur geografisch den Südseeinseln am nächsten. An der Bay of Islands gehen die Uhren gleich nach dem Eintreffen langsamer und bleiben nach zwei Tagen verlässlich stehen. Was man sich ansieht, sieht man in Ruhe, und zu sehen gibt es viel.

Lebendige Vergangenheit

Im Norden der Bucht liegt Kerikeri. Die Plantagen rund um den größten Ort der Bay of Islands (8000 Bewohner) bringen vor allem Mandarinen, Zitronen, Kiwis, Makadamianüsse und Avocados hervor. Dazwischen haben sich Kunsthandwerker und Gourmetläden angesiedelt, die sich über Besucher freuen. Die Hauptattraktionen von Kerikeri liegen am Jachthafen Townbasin. Das älteste Haus Neuseelands, Kemp House (1822), und der alte Missionsladen Stone Store (1835) stammen aus der Frühzeit der Besiedlung. Daneben hauste einst der Maori-Kriegshäuptling Hongi Hika, dessen Raubzüge und Kannibalenfeste nicht nur

Die Nordinsel

Oben: Historische Bilder im alten Missionsladen Stone Store (Kerikeri, Bay of Islands) verschweigen seine Heldengeschichte. Missionare haben ihn 1835 gebaut, als ringsum noch Kannibalenfeste stattfanden. Rechte Seite: Auch das malerische Russell versteckt hinter seinen weißgestrichenen Fassaden eine höchst unlautere Vergangenheit.

die Missionare verzweifeln ließen. Heute führt ein Spazierweg mit adretter Beschilderung durch das Areal. In Rewa's Village, einem Freiluftmuseum, ist das Leben in einem (friedlichen) Maori-Dorf vor Ankunft der Weißen authentisch dargestellt und bietet Zusatzinformationen über Heilpflanzen, Leben und Spiele der Maori.

Auf der schön gelegenen Halbinsel Waitangi liegt eine nationale Gedenkstätte, die Waitangi National Reserve. Dort unterschrieben 1840 Maori-Häuptlinge einen Vertrag mit Vertretern Englands. Ziel der Maori war es, Rechtssicherheit zu schaffen und dem Blutvergießen untereinander ein Ende zu setzen, das durch den Einsatz von Feuerwaffen die Stämme mit Ausrottung bedrohte. Ziel der Weißen war es, das Land für die Kolonisierung vorzubereiten. Beide Seiten bekamen, was sie wollten. Der »Treaty of Waitangi« gilt als Gründungsdokument des Staates Neuseeland. Eine informative Diaschau (in Englisch) erläutert die Vorgänge. Sehenswert sind auch ein Kriegskanu und ein reich verziertes, geschnitztes Versammlungshaus der Maori (1940), das zur Hundertjahrfeier der Vertragsunterzeichnung errichtet wurde. Es ist das einzige Haus seiner Art in Neuseeland, an dem alle Maori-Stämme mitgearbeitet haben. Das Haus des ersten »British resident«, James Busby, mit viktorianischer Einrichtung (1833) und herrlichem Blick auf die Bucht, ist im Originalzustand erhalten.

Neuseelands erste Hauptstadt

Der Ort Kororareka war 1840 ein Höllenloch, in dem Kannibalen, Walfänger und Schrumpfkopfhändler Geld mit Sklaverei und Prostitution machten – und diente nach der Staatsgründung kurz als Neuseelands erste Hauptstadt. Heute heißt der Ort Russell und präsentiert sich als nettes verträumtes Dorf, malerisch auf einer Halbinsel gelegen, Heimat von Seglern aus aller Welt und wohlhabenden Pensionisten.

Unter den historischen Gebäuden im Kolonialstil an der Uferpromenade (The Strand) findet man eine romantische Polizeistation, in der heute der Ortspolizist wohnt. Im renovierten Pompallier House, benannt nach dem ersten katholischen Bischof Neuseelands, war seinerzeit eine Druckerei eingerichtet. Heute erläutert ein Museum Buchbinderei und Lederverarbeitung.

Die weißgestrichene Christ Church (1836) ist die älteste Kirche Neuseelands. Diverse Einschusslöcher an der Außenwand erinnern an Kämpfe zwischen Weißen und Maori (1845). Am Friedhof vor der Kirche liegt der Maori-Häuptling Tamati Waka Nene begraben, geehrt durch ein besonders hohes

Bay of Islands

Monument. Sein Verdienst: Er hat andere Maori-Führer 1840 dazu überredet, den Waitangi-Vertrag mit den Weißen zu unterschreiben.

Paihia schließlich ist die touristische Bettenburg an der Bay of Islands. Der Ort verfügt über viele teils gute Restaurants und einen netten Badestrand. Vom Pier am Ortszentrum legen Fähren nach Russell ab.

In der weiten Bay of Islands liegen gut 150 Inseln. Manche sind kaum größer als ein Tennisplatz, andere sind einige Kilometer lang. Auf manchen wie Urupukapuka findet man Farmen und (luxuriöse) Privathäuser, andere wie Motukiekie sind unbewohnt. Die zerklüftete Küstenform schafft zahllose stille Buchten und Ankerplätze zum Träumen – viele erzählen zum Teil dramatische Geschichten: In der Paroa Bay lag ein befestigtes Maori-Dorf; an der Te Hue Bay wurde der französische Weltumsegler Marion de Fresne mit einigen Kameraden 1772 von Maori getötet.

Die Naturschutzbehörde DOC (Department of Conservation) hat die Bay of Islands zum Maritime Sanctuary erklärt, einem streng geschützten Nationalpark auf dem Wasser. Man kann diesen Garten aus Wasser und Land nur vom Boot aus wirklich erforschen. Eine Rundfahrt durch die Bucht dauert vier Stunden, ein Segeltörn einen Tag, eine Woche, vielleicht für immer.

Die meisten Boote starten von Paihia aus: Der Cream Trip folgt der Route früherer Milchsammelboote; wer zum Cape Brett fährt, erreicht das Ende der Bucht und einen Felsen samt Loch (Hole in the rock), durch das der breite Katamaran schippert. Schnell, aber auch laut, sind Hochleistungsboote wie die *Macattack*. Wer es lieber altmodisch hat, kann auf Segeljachten wie der *Tucker Thomson* anheuern oder ein Seekajak ausleihen. Wer die langsame Tour wählt, wird in der Bay of Islands oft belohnt. Über den Wellen gleiten Albatrosse mit Flügelspannweiten bis zu drei Metern, im Wasser vergnügen sich verschiedene Delfinarten und, je nach Jahreszeit, Schwertfische, Orcas, Buckel-, Pilot- und manchmal auch Blauwale.

AUF DEM ZUCKERBOOT

Bei Paihia liegt an der Brücke über den Waitangi-Fluss ein breites, altes Lastschiff aus Holz. Die »Tui« wurde 1890 in Auckland gebaut, um Zucker zu transportieren und übersiedelte, wie so viele »Pensionäre« an der Bay of Islands. Hier wurde sie erst Künstlertreff und Töpferstube und dann ein Museum für Schiffbruch, in dem der neuseeländische Schatzsucher und Kauz Kelly Tarlton seine ertauchten Schätze ausstellte. Seit 2002 ist das Zuckerboot (Sugar Boat) eine erste Adresse für Gourmets geworden. Man setzt sich zuerst für einen Cocktail an die Weinbar auf dem Oberdeck, beobachtet einen der unvergesslichen Sonnenuntergänge und geht dann in den Laderaum des Bootes, der heute ein kleines, feines Restaurant beherbergt. Unbedingt probieren: Austern aus der nahen Orongo Bay.

The Sugar Boat: Waitangi Bridge, Paihia, Bay of Islands, Tel. (09) 402 7018, www.sugarboat.co.nz

Die Nordinsel

Ganz oben: Scheibe aus einem Kauristamm. Oben: Tane Mahuta, Neuseelands größte Kauri, etwa 50 Meter hoch und 2000 Jahre alt.

3 Kauri-Wald Waipoua

Spaziergang zwischen Baumgiganten

Die Kauri ist der eindrucksvollste Baum Neuseelands: Stämme von 15 Metern Umfang wachsen über mehr als tausend Jahre hinweg bis 50 Meter hoch. Weil Kauri exzellentes Bauholz abgeben, sind die Bestände fast komplett gefällt worden. Die 90 Quadratkilometer Kauri-Wald von Waipoua bilden heute den letzten Rest der alten Pracht, durchzogen von einer 17 Kilometer langen Straße. Die schönsten Bäume sind ausgeschildert: Der höchste heißt Tane Mahuta (Gott des Waldes) und steht am nördlichen Ende des Gebiets neben der Straße. Te Matua Ngahere (Vater des Waldes) liegt südlich davon und ist in 20 Minuten zu Fuß zu erreichen. Museumsempfehlung: Das weltweit einzigartige Kauri-Museum in Matakohe informiert spannend über den Raubbau der Vergangenheit und den harten Alltag der Pioniere. Es zeigt auch geschnitzten Kauri-Bernstein sowie herrliche Möbel, die gute Stuben früherer Siedler zierten.

KAURI & PIONEER MUSEUM: Church Rd., Matakohe, Tel. (09) 439 7555, *www.kauri-museum.com*

Die Tutukaka Bay ist das Tor zu Neuseelands interessantestem Tauchrevier.

4 Die armen Ritter

Tauchrevier der Extraklasse

Im subtropischen Norden Neuseelands liegen zwei kleine vulkanische Inseln, etwa zehn Kilometer vor der Küste. Die Klippen der Poor Knights Islands sind bis zu 90 Meter hoch, und die ursprüngliche Vegetation haben Maori-Siedler abgebrannt. Dennoch stehen die 200 Hektar und das Meer rundum unter Naturschutz und werden von Reisenden aus aller Welt besucht. Denn rund um die Inseln lässt eine warme Meeresströmung aus dem Korallenmeer einen tropischen Unterwassergarten entstehen – das beste Tauchrevier Neuseelands.

Von Tutukaka aus fahren Boote in knapp 60 Minuten zu den Inseln, wo man tauchen, schnorcheln oder paddeln kann. Taucher unterscheiden drei Jahreszeiten: Januar bis April: wärmstes Wasser (20–23 °C), 20 Meter Sicht.
Mai bis September: kaltes Wasser (16 °C), 30 Meter Sicht, ruhige See.
Oktober bis Januar: das Wasser erwärmt sich, Plankton reduziert die Sicht auf 10–15 Meter, besonderer Fischreichtum.
TAUCHEN! Tutukaka, Poor Knights Dive Centre, Marina Road, Tutukaka RD3, Whangarei, *www.diving.co.nz*

5 Tölpelkolonie Muriwai Beach

Seevögel im Sturzflug

Nordwestlich von Auckland erstreckt sich Muriwai Beach über 32 Kilometer Länge. Neuseelands berühmtester Maler, Colin McCahon, hat hier oft Inspiration gesucht. Am Südende des Strandes findet man eine Tölpelkolonie, die sich in den letzten 100 Jahren sukzessive von vorgelagerten Inseln her ausgebreitet hat. Muriwai Beach ist eine von nur drei Tölpelkolonien auf dem neuseeländischen Festland. In der Brutzeit zwischen Oktober und März kann man die faszinierenden Vögel von leicht zugänglichen Plattformen aus beobachten.

Der Tölpel ist ein Seevogel mit einer Spannweite bis zu 180 Zentimetern. 70 000 dieser Flug- und Tauchkünstler nisten alljährlich an den Küsten Neuseelands. *Sula serrator* fischt im Sturzflug, den Aufprall auf dem Meer dämpfen aufblasbare Luftpolster unter dem Federkleid. Die Küken müssen sich gleich bei ihrem ersten Flug bewähren: Er führt nämlich 2000 Kilometer weit über die Tasman-See nach Australien. Erst wenn die Jungvögel etwa vier Jahre alt sind, kehren sie zurück, um hier zu brüten.
INTERNET: www.doc.govt.nz

Tölpel brüten meist auf Inseln, wo sie vor Raubtieren und Menschen sicher sind. Am Muriwai Beach nordwestlich von Auckland machen sie eine Ausnahme.

6 Wilder Westen Waitakere

Grüne Idylle, romantische Strände

Wer von einem Vulkanhügel im Zentrum Aucklands nach Westen blickt, sieht einen bewaldeten Höhenzug: Die Waitakeres sind der letzte große Waldgürtel in Stadtnähe, nur 20 Kilometer vom Zentrum entfernt. Die Bewohner dieses Gebietes leben von Kunsthandwerk, Töpferei und ökologischem Gartenbau. Die Wogen der Tasman-See donnern gegen wildromantische Klippen und produzieren eine Idealkulisse für Spaziergänge und Ausritte. Schwimmen sollte man nur dort, wo es Patrouillen gibt, und surfen sollten nur Geübte. Piha Beach ist das beste Surfrevier und hat die größte Zahl an ständigen Bewohnern angezogen. Strandläufern bietet sich Gelegenheit, auf das Wahrzeichen von Piha, den Lions Rock, zu klettern, der direkt am Strand liegt. In seiner Nähe findet man ein Pohutukawa-Wäldchen, das um Weihnachten herum in roter Blüte steht, sowie einen idyllisch gelegenen Wasserfall.
Im Arataki Visitor Centre, an der Straße vom Hauptort Titirangi nach Swanson gelegen, erhält man detaillierte Informationen zu den Waitakeres.

Der grüne Höhenzug der Waitakeres liegt dicht an der Metropole Auckland.

Tölpel in Muriwai, Aussichtsplattform. Wer sich für Vögel interessiert, betritt in Neuseeland ein Paradies: Da es hier bis 1800 keine Säugetiere gab, konnten sich einzigartige Vogelarten entwickeln. Zwei der spektakulärsten Arten wurden leider durch Überjagung ausgerottet. Der Moa war mit drei Metern Höhe der größte Laufvogel der Erdgeschichte, der Haast Adler der gewaltigste Raubvogel.

Die Nordinsel

7 Metropole Auckland

Vielfalt in der Stadt der Segel

Auckland ist Naturgewalten ausgeliefert: Neuseelands Metropole liegt über einem Vulkanfeld, das bislang 57 Kegel gebildet hat. Zwei Meere umspülen die Stadt – die Tasman-See im Westen staut Bäche auf, bildet riesige Wattgebiete, und im Osten rollen die Wellen des Pazifischen Ozeans an etwa 100 Strände. Gemeinsam drängen sie die Riesenstadt von 1000 Quadratkilometern Fläche an der schmalsten Stelle auf weniger als eine Meile zusammen. Auf dieser Landenge, Portage genannt, lag schon für die Maori der Schlüssel zum Land: Hier wurden Kanus und Güter angelandet und umgeladen, hier entstanden nach 1840 die Dörfer der Weißen, aus denen die Metropole gewachsen ist. Das Meer, die Boote, Güterumschlag und Kommerz bestimmen heute noch das Antlitz von Neuseelands einziger Millionenstadt.

Auckland liegt am Golf von Hauraki, einem faszinierenden Segelrevier, übersät mit Inseln. Kein Wunder also, dass seine Einwohner Boote lieben. Angeblich ist die Bootsdichte pro Kopf höher als sonst wo in der Welt. Verständlich auch, dass diese Stadt der Segel ihren Gründungstag (den letzten Montag im Januar) mit einer Regatta feiert, die das Hafenbecken mit bis zu 1000 Booten jeder Klasse in einem organisierten Chaos irgendwo zwischen Wettkampf und Spektakel füllt.
Eine Nation von Bootsenthusiasten hat dann auch ein Team von Weltklassesegeln und Konstrukteuren hervorgebracht: Team Neuseeland gewann den America's Cup, den ältesten Segelpokal der Welt, nach mehreren teuren Versuchen 1995 in fremden Gewässern und hatte dann zweimal Heimvorteil in Auckland: Im Jahr 2000 wurde die Trophäe erfolgreich verteidigt, 2003 ging sie an das Schweizer Alinghi-Team des Milliardärs Ernesto Bertarelli verloren. Als Trostpflaster musste herhalten, dass auch die Teamführer bei Alinghi Neuseeländer waren.
Praktisch besteht die Region Auckland aus vier Städten: Auckland City bildet das Stadtzentrum, Manukau, ärmlich, volkreich und polynesisch, liegt im Süden; Waitakere ist eine Waldlandschaft im Westen, die als Wasserreservoir

Oben: Das Auckland Museum beherbergt die beste Sammlung von Maorikunst im Land. Rund um das Museum liegt der Stadtpark Auckland Domain, wo Schulteams, ganz in Weiß, am Wochenende das sehr englische Cricket spielen (oben). Rechts: Café an der Karangahape Road. Die Aucklander, was man verstehen kann, sagen K-Road.

Auckland ist selbst für neuseeländische Begriffe eine neue Stadt. Fast alle Hochhäuser, die die Skyline bestimmen, sind erst in den letzten 20 Jahren gebaut worden. Der Skytower (ganz rechts) wurde 1997 fertig und ist mit 328 Metern das höchste Bauwerk der Südhalbkugel. Lifte, toller Blick und zwei gute Restaurants ziehen im Jahr 500.000 Besucher an.

Die Nordinsel

für Auckland erhalten blieb und heute vor allem Umweltschützer anzieht. Northshore City – der Stadtteil nördlich der Hafenbrücke – gehört zu den am schnellsten wachsenden Wohngebieten Neuseelands. Stadtplaner meinen, die Bevölkerung werde sich hier zwischen 2001 und 2011 verdoppeln.

Die Sonderstellung und Dynamik dieser urbanen Gruppe lässt sich an einer einzigen Zahl erhellen. Zwischen 1991 und 2001 wuchsen die anderen neuseeländischen Städte um 15 000 bis 30 000 Menschen an. In Auckland wanderten im gleichen Zeitraum genau 196 287 Menschen zu.

Turbulente Vergangenheit

Geologisch liegt Auckland noch in den Windeln – und tatsächlich geht manchmal noch etwas daneben. Die Stadt erhebt sich über einem Vulkanfeld, das immer wieder neue Kegel formt. Der jüngste unter ihnen, die Insel Rangitoto, deren waldbestandene Flanken den Horizont am Hafen dominieren, ist als letzter Vulkan vor 600 Jahren ausgebrochen und begrub damals eine Maori-Siedlung auf der benachbarten Insel Motutapu unter sich. Wo und wann der nächste Kegel kommt, ist nicht voraussehbar.

Die Siedlungsgeschichte der Stadt ist kaum weniger turbulent. Man nimmt an, dass erste Siedler von kleinen pazifischen Inseln wie Rarotonga vor 800 Jahren auf das Hafenbecken stießen und es schnell als ideales Wohngebiet erkannten: Das Meer war reich an Fischen und Muscheln, an Land gedieh im milden Klima die Kumara, und Dörfer ließen sich auf Vulkankegeln leicht befestigen

und verteidigen. Das war auch gut so. Ein idealer Wohnplatz zieht viele Interessenten an – der Maori-Name für Auckland drückt das aus: »Tamaki Makau rau« lässt sich als »Braut mit 100 Liebhabern« übersetzen.

Der Kontakt mit weißen Schiffsbesatzungen – meist Walfänger oder Händler – begann um 1790 und brachte wenig Segen. Musketenkriege und Sklavennahme der Maori untereinander entvölkerten ab 1820 die Gebiete um Auckland, Epidemien durch eingeschleppte Krankheiten befielen die Überlebenden. So kam es, dass das ehedem blühende Gebiet um Auckland um 1840 in eine menschenleere Wüste verwandelt war. Am 18. September 1840 erklärte Neuseelands erster Gouverneur, William Hobson, die Siedlung, damals eine Zeltstadt, zur Hauptstadt. Die Würde blieb Auckland nur 25 Jahre, dann ging sie an das zentraler gelegene Wellington verloren – dennoch findet man im Zentrum noch ein paar Spuren. Hobson liegt gegenüber dem Sheraton Hotel begraben. An seinem Grab versammelt sich alljährlich Aucklands Bürgerschaft zu einer Gedenkfeier. Sein Name taucht in Straßennamen und Landschaftsbezeichnungen auf wie dem »Mount Hobson«. Der Name Auckland erinnert an George Eden, Earl of Auckland, Gouverneur von Indien: Hobson ehrte damit jenen Mann, der ihm das Kommando über ein Schiff gegeben hatte.

Hobson hat die Stadt gegründet, geprägt hat sie Sir John Logan Campell. Er errichtete am 21. Dezember 1840 am Ende der Shortland Street ein Zelt, das erste Geschäft in Auckland. Als er 1912 im Alter von 95 Jahren starb, war er

Metropole Auckland

geadelt und der prominenteste Geschäftsmann einer Stadt mit 115 750 Einwohnern. Als Menschenfreund überließ Sir John seinen 135 Hektar großen Herrensitz einschließlich dem Vulkankegel One Tree Hill den Bewohnern von Auckland als öffentlichen Park. Hier, im Cornwall Park, steht Acacia Cottage; mit dem Baujahr 1841 ist es heute das älteste Gebäude der Stadt. Campell liegt auf der Hügelkuppe begraben. Daneben steht ein Obelisk, den der Gründervater errichten ließ, um seinen Respekt für die Maori auszudrücken.

Land der Verheißung

Lange Zeit nach Campell waren es weiterhin vor allem Engländer, die nach Auckland und in den Rest des Landes einwanderten. Noch heute haben drei von vier Neuseeländern Verwandte irgendwo im Commonwealth.
Nach dem Zweiten Weltkrieg begann die Inlandsmigration, der Zug der Maori aus traditionellen Agrargebieten in die Stadt, auf der Suche nach Arbeit und besserer Ausbildung für die Kinder. Daran schloss sich eine Einwanderungswelle von Menschen aus Tonga, Samoa und anderen pazifischen Inseln an, für die Neuseeland bis heute die Hoffnung auf eine bessere Zukunft verkörpert. 260 000 Insulaner leben heute in Neuseeland, die große Mehrzahl von ihnen in Auckland. Dies macht die Stadt zur größten polynesischen Stadt der Welt. In einzelnen Fällen ist die Mehrheit eines Eilands eingewandert – so sind heute 90 Prozent aller Menschen aus Niue in Auckland zu Hause.
In den neunziger Jahren trugen Hongkong-Chinesen zum Zuwanderungsboom bei. Sie fürchteten die Folgen der Rückgabe des Territoriums an China und suchten ein Refugium. Ihre positiven Erfahrungen wurden zum Antrieb für andere. Nun ist es Alltag, dass chinesische Kinder zum Schulunterricht und Englischstudium nach Neuseeland geschickt werden.

Auckland ist nicht zufällig die Schwesterstadt von Los Angeles: 1016 Quadratkilometer Fläche machen die Stadt zu einer der größten Städte auf der Welt. Da die Tasman-See im Westen und der Pazifik im Osten die Ausdehnung behindern, hat sich die Metropole vor allem in der Nord-Süd-Achse entwickelt – von Whangaparaoa im Norden bis nach Drury im Süden sind es 80 Kilometer. Auckländer leben, arbeiten und schlafen in Vorstädten, in denen Konzerne Einkaufszentren errichtet haben, und sie kommen nur zu besonderen Anlässen in das Stadtzentrum. Hier sind seit Mitte der 1980er Jahre in schneller Folge Wolkenkratzer hochgezogen worden, um Platz für Firmenzentralen und billige Wohnungen zu schaffen. Erst in den letzten Jahren hat man sich darauf besonnen, gute Bausubstanz zu erhalten und bei Neubauten auch an den ästhetischen Wert zu denken.

AUCKLAND DOMAIN

Auf 75 Hektar Fläche erstreckt sich der älteste Park der Stadt, mit herrlichen, teils exotischen Bäumen, Ententeichen und Wintergärten. Auf weiten Wiesen wird vor allem am Wochenende viel Sport getrieben. Im Sommer finden hier abends Freiluftkonzerte bekannter Künstler statt. Auf einer Anhöhe im Park liegt das Auckland Museum. Es bietet die beste Maori-Sammlung in Neuseeland – Prunkstück ist ein prächtiges Kriegskanu von 1836. Toki a Tapiri, die Streitaxt von Tapiri, ist 35 Meter lang, bietet 100 Kriegern Platz und wurde aus dem Stamm einer riesigen Totara gezimmert. Die Halle der Vögel zeigt Neuseelands ungewöhnliche Erstbewohner, darunter den ausgerotteten, drei Meter hohen Laufvogel Moa. Der Souvenirladen hat eine exzellente Buchauswahl.
Auckland Domain, tgl. 10–17 Uhr, Tel. (09) 306 7067, www.akmuseum.org.nz, als Eintritt wird eine Spende erwartet. Maori-Gruppen zeigen im Museum Tänze und Lieder der Maori (Manaia Maori Cultural Performance, tgl. 11, 12 und 13.30 Uhr, separat zu bezahlen).

Die Nordinsel

8 Halbinsel Coromandel

Naturschönheit, nicht ganz unberührt

Die Halbinsel Coromandel südöstlich von Auckland ist ein dicker Daumen, der nach Norden weist und so den Hauraki Golf umschließt. Gold und Kauri-Holz haben Weiße vor 150 Jahren in das zerklüftete Waldgebiet gebracht. Als die Natur erschöpft war, sind die meisten wieder gegangen. Heute leben konservative Bauern neben alternativen Töpfern. Ein Großteil der Halbinsel Coromandel steht als Forest Park unter gemäßigtem Naturschutz.

Eine der schönsten Ecken Neuseelands liegt an der Ostküste der Coromandel Halbinsel bei Whitianga. Von einem Aussichtspunkt genießt man einen Blick über das Naturschutzgebiet Mercury Bay (rechts oben). Hier findet man auch Cathedral Cove (rechts unten). Am nahen Hot Water Beach (ganz oben) treten bei Ebbe heiße Quellen aus dem Sand.

Wer an der Westküste der Coromandel abends Richtung Auckland blickt, kann die Lichter der Metropole schimmern sehen. Sie könnten von einem anderen Stern stammen. Die Coromandel, wie Neuseeländer das Naturgebiet liebevoll nennen, ist ein Rückzugsgebiet, in dem es keine großen Siedlungen gibt. Kleine Orte liegen an den Küsten bei sehr schönen Badestränden. In ihrem Inneren ist das zerklüftete Waldgebiet nahezu menschenleer. Regenerierender Kauri-Wald und Forstwirtschaft wechseln sich mit grünen Weiden ab, auf denen meist recht einfache Farmhäuser stehen.

Die größten Kauri-Bäume der Welt, der erste Schatz der Coromandel – Baumriesen mit Stämmen von 20 Metern Umfang und mehr – sind heute nur noch als konzentrische Ringe in Museen zu bewundern. Blitzschlag, Altersschwäche und vor allem die Gier von Holzhändlern haben das Naturwunder zerstört.

Schatzkammer und Naturparadies

Im Kauaeranga Valley zeigen ein Informationszentrum und Wanderwege der Naturschutzbehörde den Raubbau an den Kauriwäldern nach 1795. Für den Transport der tonnenschweren Stämme ans Meer staute man Bäche auf, in die man gefällte Stämme fallen ließ. Dann brachte man die Dämme zum Einsturz, die Flutwelle riss die Riesen mit sich. Etwa 300 solcher Dämme legte man auf der Halbinsel an, 60 davon im Kauaeranga Valley.

Der zweite Schatz der Coromandel war (und ist) Gold, das der Prospektor Charles Ring 1859 bei Waihi fand. Anders als sonst in Neuseeland, wo Goldsucher alluviales Gold in den Flussbetten fanden, ist das Gold der Coromandel in Quarzadern eingeschlossen. Das macht die Förderung deutlich schwieriger und erfordert Kapital. Dies war der Grund, warum Ring seinen Fund nicht auswerten konnte. Londoner Investoren finan-

Die Nordinsel

Die Coromandel Halbinsel liegt nur 90 Minuten von Auckland entfernt und ist ein beliebtes Ferienziel. Neuseeländer haben ihren Haupturlaub zu Weihnachten und brechen meist am 26. Dezember auf, um Ferienzentren wie Pauanui (ganz oben) zu füllen. Der Vater kehrt meist um den 10. Januar zurück, Frau und Kinder bleiben oft bis Ende Januar.

zierten die Martha Mine, die ihren Besitzern fast hundert Jahre lang bis zu 80 Prozent Rendite pro Jahr brachte. Noch heute trägt Waihi die Spuren einer Bergwerksgemeinde: Bohrmaschinenteile schmücken die Mitte von Kreisverkehren, Knappen aus Bronze stehen an der Hauptstraße, und gelegentlich sackt ein altes Haus ein, wenn ein Stollen darunter nachgibt. Auch der Goldabbau geht weiter. Eine Riesengrube neben dem Stadtkern von Waihi, in der Riesenlastwagen mit 100 Tonnen Gesteinsfracht über eine Straßenspirale wie schwer beladene Stahlameisen kriechen, hat sich zur Besucherattraktion gemausert. Am nächsten Bergwerk wird bereits gearbeitet – es soll sich unter Tage in Spiralenform durch einen Berg fressen. Der dritte Schatz der Coromandel ist sein bleibender: große, teilweise unversehrte landschaftliche Schönheit und vor allem weltferne Ruhe im wenig besuchten Norden der Halbinsel. Immerhin stehen 30 Prozent der Gesamtfläche unter Naturschutz. Zwei Straßen bieten besonders schöne Aussichten: Die Black Jack Road verbindet das ehemalige Goldgräberdorf Coromandel mit dem Ferienort Whitianga an der Ostküste; führt über Whangapoua Harbour und Kuaotunu Beach. Die Straße um den Mount Moehau (891 m), den höchsten Punkt der Halbinsel, endet an der unberührten Fletcher Bay. Ein dreistündiger Wanderweg – der Coromandel Track – führt von hier an die Ostküste nach Stony Bay. Wer besonders gute Augen hat, kann in den Flussbetten Forellen fischen und Halbedelsteine wie Amethyst oder Turmalin finden.

Spektakuläre Buchten und Strände

Auf dem Gipfel des Berges Moehau ist nach Überlieferungen ein berühmter Anführer der Maori begraben: Tama te kapua soll vor 700 Jahren das Arawa Kanu sicher nach Neuseeland gebracht haben, seine Nachfahren leben heute als Te Arawa in Rotorua.

Whitianga liegt lieblicher als alle anderen Siedlungen an der Coromandel am herrlichen Naturhafen der Mercury Bay, so genannt, weil hier James Cook 1770 den Durchgang des Merkur vor der Sonne beobachtete. Das Naturschutzgebiet Whitianga Rock Scenic and Historic Reserve liegt flussaufwärts von Ferry Landing. Dem Ort gegenüber, auf der anderen Seite des Whitianga Harbour, findet man am Cook's Beach feinsten Sandstrand.

Bei Hahei sollte man unbedingt Te Whanganui A Hei, ein Küsten-Natur-

Halbinsel Coromandel

schutzgebiet, erforschen. Schon die Zufahrt endet an einem der schönsten Aussichtspunkte im Land: Man überblickt ein Ensemble spektakulärer Buchten und vorgelagerter Inseln, eingebettet in tiefes Blau.

Die meistfotografierte Attraktion ist hier Cathedral Cove – der Sandstrand hat den Namen von einer kathedralenartigen Felsformation. Man erreicht ihn entweder durch einen einstündigen stufenreichen Wanderweg oder mit einem Ausflugsboot von Hahei aus. In der Gemstone Bay finden Taucher rund um vier Bojen einen Unterwasser-Naturlehrpfad.

Am nahen Hotwater-Beach kann man bei Ebbe beobachten, wie heiße Quellen aus dem Sand treten. Der Grund: unter der Uferzone liegt eine Blase flüssigen Gesteins im Erdinneren, die Wasser auf 80 Grad Celsius erhitzt. Ein warmes Bad zu nehmen, ist deshalb nur möglich, wenn man den Quellen kühles Meerwasser beimischt. Auch Schwimmen im Meer ist am Heißwasserstrand gefährlich – die Strömung ist unberechenbar.

In Tairua, das einen sicheren Bootshafen zu bieten hat, und dem Nachbarort Pauanui, sind in den letzten zehn Jahren ganze Siedlungsgebiete neu erschlossen worden. Vom Aussichtsberg Mount Paku aus bietet sich ein schöner Blick auf Shoe und Slipper Islands, die bevorzugten Tauchreviere.

Whangamata ist ein beliebtes Ferienziel der Auckländer. Ferien bedeutet für viele Neuseeländer nicht Beschaulichkeit, sondern Feste zu feiern, bis man umfällt. Vor allem ab Weihnachten, wenn die Sommerferien beginnen, bleibt hier kein Auge (und kaum eine Kehle) trocken: Kulturveranstaltungen wie Strandvolleyball oder Miss-Bikini-Wahlen erregen oft solches Publikumsinteresse, dass die Polizei eingreifen muss.

ÖKOSCHMALSPURBERGBAHN

1975 hat der Töpfer und Eisenbahnenthusiast Barry Brickell an der Westküste der Coromandel nahe der gleichnamigen Ortschaft 22 Hektar Land gekauft, steiles Gelände, übersät mit Unkraut, Sträuchern und Kiefern. Um Tonerde und Holz zu seinem Brennofen transportieren zu können, begann er, eine Schmalspurbahn durch das Gelände anzulegen und rundum mit Kauris wieder aufzuforsten.

Aus der Materialbahn ist eine Touristenattraktion geworden. Die Driving Creek Railway (DCR) schraubt, schnauft und quietscht über 152 Höhenmeter zu einem herrlichen Aussichtspunkt über dem Golf von Hauraki. Auf Gleisen, die nur 381 Millimeter breit sind, überwindet sie dabei acht Viadukte, zwei Spiralen, drei Tunnels und eine Reihe von Wendestellen. Die Bergtour dauert eine Stunde, kostet zehn Euro und findet täglich mindestens zweimal statt (10.15, 14.00 Uhr).

Driving Creek Railway: Coromandel Town, Tel (07) 866 8709, *www.drivingcreekrailway.co.nz*

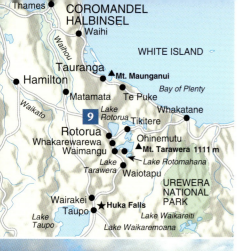

Die Nordinsel

9 Tourismuszentrum Rotorua

Die faszinierende Naturbaustelle

Rotorua ist ein Zentrum der Maori-Kultur und ein einzigartiges Labor der Natur: Eine Blase flüssigen Gesteins im Erdinneren sorgt dafür, dass hier Geysire fauchen, Schlammtümpel kochen und heiße Thermalquellen sprudeln wie sonst nirgendwo im Land. In die Hügellandschaft der Umgebung sind zehn teils völlig unberührte Seen und Naturparks mit herrlichen Spazierwegen eingebettet. Diese fantastische Kombination hat das Städtchen am See zum touristischen Zentrum der Nordinsel gemacht.

Das Städtchen Rotorua liegt am gleichnamigen See, eingefasst von dunklen Wäldern. Im Westen breitet sich die Flusslandschaft des Waikato aus. Die fruchtbaren Weiden werden für Milchwirtschaft im industriellen Stil genutzt. Im Osten findet man die reichen Obstgärten der Bay of Plenty. Rotorua möchte sich gerne als Heilbad und Konferenzstadt sehen und strengt sich dafür an: Die städtischen Gartenanlagen sind gepflegt wie in einem europäischen Schloss. Gut zahlende Gäste werden mit Luxuslodges verwöhnt und haben fantastische Gelegenheiten zum Golfspielen und Angeln von Forellen.
In einem Paralleluniversum bewegt sich das Leben der lokalen Maori – mit 30 000 immerhin die Hälfte der Bevölkerung. Sie werden vom Tourismus nur gestreift – meist durch Jobs in Hotels und auf den Bühnen der Volkstanzgruppen. Ihren Alltag prägen kleine Wohnhäuser, Spitals-, Forst- und Baustellenjobs, wenig Geld und oft harte Disziplin – viele Familienväter sind Berufssoldaten in der neuseeländischen Armee. Das macht das Lächeln der singenden Mädchen auf den Bühnen der Hotels nicht unecht, aber beunruhigend. Und es macht Rotorua nicht unangenehm, aber unausgeglichen. Wer will, der hört den Sand im Getriebe der Maschine.

Vom Stammesgebiet zum Kurort

Die ersten Siedler kamen vor etwa 650 Jahren in diesen einzigartigen Landstrich, polynesische Seefahrer, die an der Küste der nahen Bay of Plenty landeten – und bis heute geblieben sind. Der Name ihres Doppelrumpfkanus, Te Arawa, der Hai, hat sich auf den Stamm übertragen.
Te Arawa haben unter den anderen Maori-Stämmen wenig Freunde, sie haben in den Landkriegen zwischen

In Rotorua hat Neuseelands Tourismusindustrie mit Staatshilfe begonnen. Deshalb heißt der Kurpark heute noch Government Gardens, Staatsgärten. Man findet hier ein historisches Badehaus (ganz oben) und Bowlspieler. Rechts: Der Geysir Pohutu im stadtnahen Maorikulturzentrum Te Puia bricht mehrmals am Tag aus.

Die Nordinsel

Um Rotorua zu erforschen braucht man ein Auto. Im Umkreis von 60 Kilometern warten die Vulkanruine Tarawera (ganz oben) und faszinierende thermische Gärten wie Waiotapu (Mitte oben und oben), wo Hitze und Mineralstoffe zusammenwirken wie Künstler. Zum Bad laden mehr als ein Dutzend sauberer Seen, die man oft für sich allein hat.

1845 und 1883 stets auf Seiten der Weißen gekämpft. Als Frieden einkehrte, begann die Kolonialregierung, das attraktive Stammesgebiet als Kurort zu erschließen. Auch die englische Königin Viktoria zeigte sich dankbar für die Hilfe der Te Arawa und schenkte ihnen eine Büste von sich selbst als Zeichen der Wertschätzung. Sie war lange öffentlich ausgestellt. Nun, da die Te Arawa nicht mehr ganz so stolz auf ihre Königstreue sind, hat man sie diskret eingelagert.
Ohinemutu ist der alte Kern der Siedlung Rotorua. Hier findet man ein sehr schönes Versammlungshaus der Maori und, direkt am See, die kleine anglikanische Kirche St. Faiths. Von hier aus hat der erste Missionar, der Amerikaner Spence, ab 1841 mehr als 50 Jahre geduldig auf skeptische Eingeborene eingewirkt – sein mit Rosen geschmücktes Grab vor der Kirche bestätigt das: »He waited patiently« heißt es da – er wartete geduldig. In der Kirche hat ihm seine Gemeinde ein Denkmal gesetzt. Ein Glasfenster zeigt den geistlichen Herrn, der seine wenigen weit verstreuten Schafe meist zu Fuß besuchen musste, wie er durchs Leben ging – mit einem großen Regenschirm.
Vor der Kirche liegen erhöhte Gräber – man hat sie wegen der thermischen Aktivität so gebaut. Wasserdampf erhitzt den Boden hier so sehr, dass normal Bestattete langsam gekocht würden. Anderswo im Dorf ist die Erdenergie nützlich: Im Winter leiten Rohre heißen Wasserdampf aus dem Erdinneren unter den Häusern durch und schaffen so eine Art Fußbodenheizung, den Sommer über wird der Dampf entsprechend abgeleitet.

Die Government Gardens liegen neben dem Stadtzentrum am See. Sie heißen so, weil die Zentralregierung in Wellington die gepflegten Parkanlagen anlegen ließ. Auch das historische Badehaus im Tudorstil wurde damals aus Steuergeldern gebaut. Heute sind hier das interessante Regionalmuseum und eine Kunstgalerie untergebracht.
Die heißen Quellen von Te Puia haben Tradition. Seit 100 Jahren führen Maori Touristen durch dieses faszinierende Thermalgebiet, in dem man Sinterterrassen, blubbernde Schlammtümpel und Geysire findet. Pohutu, der größte Geysir im Land, sprüht bis zu 30 Meter hoch, meist mehrmals am Tag.

Eine Paradies für Vögel

Auch der See Rotorua hat Attraktionen: Am besten erkundet man sie entlang des Seeufers, wo ein Naturlehrpfad angelegt worden ist. Man lernt, dass unterirdische Quellen Schwefel und Gase ausstoßen, die das Seewasser an einigen Stellen milchig färben und säurehaltig machen. Anderswo tritt eine Art Lachgas aus, was Touristen vor etwa 100 Jahren nach Berichten von Zeitgenossen immer sehr fröhlich gestimmt hat, wenn sie nicht gerade ohnmächtig wurden und ertranken. Man erfährt auch die Namen und Gewohnheiten von einem Dutzend Vogelarten, die hier im bedeutenden Naturschutzgebiet an der Sulphur Bay (glücklicherweise zur Hauptreisezeit) nisten. Es ist eine internationale Gesellschaft: Schwarze Schwäne aus Australien, Finkenarten aus Europa sowie Enten (Scaup) und Möwen (Black billed Gull), die es nur in Neuseeland gibt. Auf der Insel Mokoia, einem

Tourismuszentrum Rotorua

Vogelschutzgebiet der Naturschutzbehörde in der Mitte des Sees, sieht und hört man auch die extrem seltene Tieke (Saddleback), Hihi (Stitchbird) und die Nordinsel Drossel (North Island Robin). Regenbogenforellen sind keine eingeborenen »Neuseeländer«. Sie wurden 1889 im See ausgesetzt und gediehen prächtig. Wer welche essen möchte, muss sie sich selbst fangen, denn kommerziell darf mit dem Sportfisch nicht gehandelt werden. Im See Rotorua wiegen die Trophäen etwa drei Pfund, im Lake Tarawera sind Fische von sieben bis elf Pfund keine Seltenheit.

Der Untergang des achten Weltwunders

Rotoruas Umgebung ist vielgestaltig und interessant. Einen ersten Überblick erlaubt der Aussichtsberg Ngongotaha, auf den eine Gondelseilbahn führt. Abenteuerlustige können über eine 900 Meter lange Rutsche wieder ins Tal gelangen.
Das beliebteste Ziel ist ein berühmtes Katastrophengebiet: See und Berg Tarawera. Mount Tarawera (verbrannter Speer) ragt 1111 Meter empor. Der Vulkan galt als erloschen, ehe er am 10. Juni 1886 regelrecht explodierte. Er schleuderte Felsen, Lava und Asche über ein Gebiet von 15 000 Quadratkilometern und begrub Dörfer, in denen 147 Maoris und sechs Europäer lebten, unter sich. Vernichtet wurden auch die legendären Pink and White Terraces, zwei eindrucksvolle Sinterterrassen, die vom Ufer des Lake Rotomahana 250 Meter in die Höhe ragten und von Schriftstellern des 19. Jahrhunderts als das achte Weltwunder bezeichnet wurden. Spuren der Eruption sind heute noch eindrucksvoll. Die Explosion hat eine sechs Kilometer lange und 250 Meter tiefe Schlucht in den Berg gerissen.
Die Vielfalt der Naturparks macht einem die Wahl schwer: In Waiotapu (»Heiliges Wasser«) hat sich die Natur als Maler versucht. Verschiedene Mineralzusätze haben Kratern und Teichen eine verblüffende Farbenvielfalt gegeben. Das »Tintenfass des Teufels« ist giftgrün, die »Palette des Künstlers« reicht von Ocker bis Dunkelorange. Das Tal von Waimangu bietet neben üppiger Vegetation dampfende Klippen und den größten kochenden See der Welt. In Orakei Korako warten ein Märchensee, Sinterterrassen und eine romantische Höhle.

RAFTING THE KAITUNA

Neuseeland hat viel aufregendes Wildwasser. Man erforscht es am besten per Gummifloß in einer kleinen Gruppe, geführt von einem Wildwasserprofi. Helme, Schwimmwesten und Neoprenanzüge stellen die Veranstalter, meist auch etwas zu essen und eine heiße Dusche danach.
Die Wildheit des Wassers wird in sechs Grade eingeteilt, wobei eins oder zwei langweilig und sechs unbefahrbar bedeutet. Anfänger kommen (als Mitfahrer) mit Grad 3–4 noch zurecht.
Schöne Naturerlebnisse in dieser Klasse findet man rund um Rotorua am Fluss Mohaka oder in den stilleren Teilen des Rangitikei (2–3). Die 200–300 Meter hohen Klippen um die Mokai-Schlucht des Rangitikei wurden in der ersten Folge des »Herrn der Ringe« verewigt. Wer sich fürchten möchte, muss auf den Kaituna River. Er hat Grad fünf, das steilste Gefälle und den tiefsten Fall von allen Wildbächen Neuseelands: Die Steilstufe Tutea Falls ist sieben Meter hoch.
Wet n Wild Rafting Company: 2 White St. Rotorua, Tel. (07) 348 3191, www.wetnwildrafting.co.nz

White Island ist ein rauchender Vulkankegel, der etwa 60 Kilometer vor Whakatane an der Bay of Plenty liegt. Neuseelands aktivster Vulkan ist eine unbewohnbare, ernste Erinnerung daran, dass Neuseeland zum instabilen Gürtel rund um den Pazifik gehört, der wegen ständiger Vulkanausbrüche und Erdbeben Ring of Fire – Feuerkreis – genannt wird.

Die Nordinsel

Am Strand von Maunganui findet alljährlich ein Wettbewerb der Rettungsschwimmer statt – immerhin ertranken 2008 in Neuseeland 95 Menschen.

Aus dem Tauposee (ganz oben) fließt der längste Fluss, der Waikato (oben).

10 Mount Maunganui

Strandspiele am Vulkan

An der Küste der fruchtbaren Bay of Plenty liegt Tauranga, eine Hafenstadt, die sich durch sonniges Klima und Wirtschaftswachstum auszeichnet – nahebei findet man das größte Anbaugebiet für Kiwifrüchte (Te Puke). Vor allem deshalb hat sich die Bevölkerung innerhalb der letzten 15 Jahre auf 120 000 verdoppelt. Der feinsandige Hausstrand Papamoa erstreckt sich über mehr als zehn Kilometer und endet an einer Halbinsel, auf der sich ein erloschener Vulkan befindet. Maunga droht wie eine Faust, kahl an der Spitze, mit einem Kranz alter, verwitterter Bäume nahe der Wasserlinie.

Neben dem Vulkan hat sich die Ortschaft Mount Maunganui entwickelt: Apartments kosten hier Millionen! Maunganui ist laut, aufregend und oberflächlich: Schöne, fröhliche Menschen spielen Strandvolleyball, üben sich als Rettungsschwimmer und zieren braungebrannt Läden und Restaurants.
RESTAURANTEMPFEHLUNG: »La Barca« ist ein unprätentiöser Familienbetrieb, dessen italienischer Eigentümer Francesco hervorragend kocht, alles über Fußball weiß und sogar Deutsch spricht.
»La Barca«, 136 Mt. Maunganui Rd, Mt. Maunganui, Tel. (07) 575 6842.

11 Lake Taupo

Das Meer im Zentrum

Lake Taupo ist mit 619 Quadratkilometern Neuseelands größter See und liegt im Zentrum der Nordinsel. Vor etwa 2000 Jahren hat sich hier die mächtigste Vulkaneruption der Geschichte zugetragen. Spuren des Gewaltpotenzials im Erdinneren findet man noch heute rund um den See. Im Norden liegt Wairakei, Neuseelands einziges geothermisches Kraftwerk. Hier treibt Wasserdampf aus 2000 Metern Tiefe die Turbinen an. Am Südufer ragen die aktiven Vulkane des Tongariro National Park auf, und an den Stränden des Sees liegt Bimsstein, Überreste der letzten Eruptionen aus den Jahren 1995 und 2007.
Die Nähe schneebedeckter Vulkane und die Ferne des Meers machen Taupo im Winter zu einem Kältepol. Eis auf den Straßen und Minusgrade sind keine Seltenheit. Im Sommer heizt die Sonne den See auf 22 °C auf. Das hat den gleichnamigen Ort auf 20 000 ständige Bewohner anwachsen lassen und bringt im Sommer 500 000 Gäste.
Fischcharter Taupo, Tongariro Region: Chris Jolly Outdoors, Taupo,
Tel. (07) 378 9458 www.chrisjolly.co.nz

Urewera Nationalpark

12 Urewera National Park

Unberührte Urwälder

Der viertgrößte Nationalpark Neuseelands bietet auf 2110 Quadratkilometern Fläche herrliche Urwälder. Die unwegsamen Rimu-, Rata- und Buchenwälder enthalten auch einige seltene Baumarten, darunter den Ngutu-Kaka, der sonst nur noch auf Great Barrier Island im Hauraki Gulf wächst. Es ist dies auch der einzige Platz, wo man alle endemischen Waldvögel Neuseelands antrifft. Besonders schön ist eine geführte Wanderung mit Maori. Am See Waikaremoana (»See der kleinen Wellen«) sind Kajaker und Forellenangler im Paradies, am Ufer entlang führt ein Wanderweg, den die Naturschutzbehörde DOC als »Great Walk« zu den Top Ten des Landes zählt. Die Urewera sind Ausläufer eines Gebirgszuges, die 650 Kilometer weit bis nach Wellington reichen. Das zerklüftete Urwaldgebiet ist die Heimat der Tuhoe, echter Waldkinder, die hier fern der Küste unter harten Bedingungen gelebt haben. Das Gebiet sollte mehrmals vermessen, gerodet und in Farmland umgewandelt werden, doch die Tuhoe haben es verhindert.
Te Urewera National Park Visitor Centre, Tel. (06) 837 3803, State Highway 38, RD 5, Wairoa 4195, www.doc.govt.nz

Der Urewera National Park ist die größte unberührte Wildnis der Nordinsel: Lake Waikaremoana ist umgeben von meist weglosen, unberührten Urwäldern.

13 Mount Taranaki

Der Schönste der Vulkane

Wenige Regionen in Neuseeland sind klarer definiert als die Provinz Taranaki im Westen der Nordinsel: An drei Seiten vom Meer umschlossen, wird sie dominiert von dem Vulkan Mount Taranaki, früher Mount Egmont genannt. Dessen schneebedeckte Spitze erhebt sich 2518 Meter hoch so symmetrisch aus dem tiefgrünen Land, dass er im Hollywoodepos »Der letzte Samurai« als »Double« für den Fudschijama diente.
Eine Straße führt rund um den Vulkan, der seit 300 Jahren schläft. Wer ihr folgt, findet schwarze Sandstrände, alte Maori-Befestigungen und herrliche Gärten. Pukeiti Gardens bieten 360 Hektar weltberühmter Azaleen- und Rhododendren-Gärten. Der Vulkan selbst steht als Mount Taranaki National Park unter Naturschutz. Hier findet man unberührte Wälder, endlose Wanderwege und spektakuläre Aussichtspunkte.
Jedes Jahr im März finden im Brookland Park die WOMAD-Festspiele statt. 400 internationale Künstler singen und spielen auf sechs Bühnen, ein Festivalpass kostet 100 Euro, www.womad.co.nz oder www.taranaki.co.nz

Der Vulkan Taranaki ist jung und ebenmäßig, schläft, ist aber nicht erloschen.

Die Nordinsel

14 Waitomo Valley

Starwars unter Schafweiden

Die Landschaft des Westlichen Waikato ist karg. Rodungsfeuer haben die steilen Berghänge in kahle Schafweiden verwandelt, aus denen einzeln stehende Bäume emporragen wie anklagende Zeigefinger. Die Leute hier leben mit den Zyklen des Lammfleischpreises – in den letzten Jahren war er eher gedrückt. In den größeren Gemeinden wie Te Kuiti stehen selbst entlang der Hauptstraße viele Läden leer, das Angebot der Restaurants und Motels ist denkbar einfach. Und dennoch findet man hier eine der Top-Attraktionen jeder Neuseelandreise.

Das Waitomo-Tal liegt im King Country. Das Königsland bekam seinen Namen in den Landkriegen zwischen Weißen und Maori um 1865. Nach verlorenen Kämpfen im Waikato zogen der Maorikönig und seine Anhänger hierher ins Exil. Noch heute ist das unwegsame, erosionsgefährdete Land kein Platz für verzärtelte Naturen.

Die Kalksteinhöhlen von Waitomo liegen zwei Autostunden südlich von Auckland entfernt bei Otorohanga. Das System erstreckt sich unterirdisch über mehr als 50 Kilometer und ist nur in Teilen erforscht. Die ersten beiden Spelologen waren der Maori-Häuptling Tane Tinorau und ein englischer Landvermesser namens Fred Mace. Sie bauten 1887 ein Floß und folgten einem unterirdischen Wasserlauf in die Höhlen. Sie fanden Stalagmiten und Stalaktiten, einen Felsendom, einen Höhlensee und darüber, an der Decke, Tausende blauleuchtender Punkte: *Arachnocampa luminosa*, die Larve einer Fliegenart, sitzt hier, spinnt klebrige Angelfäden und strahlt auf, um Insekten anzulocken. Kommen sie ihr zu nahe, verwickeln sie sich in den Fäden, werden hochgezogen und vertilgt. Das Dasein der Aarachnocampa wird im Fliegenstadium kaum beglückender: Da die Insekten ohne Mundöffnung geboren werden, bleibt ihnen gerade genug Zeit zur Paarung, ehe sie verhungern.

Die Mischung aus Felsformationen und Sternenhimmel am Höhlendach hat die Waitomo Caves schon vor 100 Jahren zu den meistbesuchten Kalksteinhöhlen Neuseelands gemacht. Häuptling Tinorau und seine Frau Huti begannen, zahlende Touristen durch die Höhlen zu führen, bis ihnen der Staat dieses Recht darauf abnahm (1906), ein Unrecht, das erst 1989 wiedergutgemacht wurde.

Nun kommen jedes Jahr 500 000 Menschen und verteilen sich sehr ungleich in den Waitomo Caves: 90 Prozent drängen sich in 500 Meter Höhlenlandschaft, die alle Schönheiten bequem in einer 45-Minuten-Tour packt. Zu ihrem Abschluss gleitet man in einem Boot über einen unterirdischen See und sieht dabei an der Decke Tausende blass

Waitomo Valley

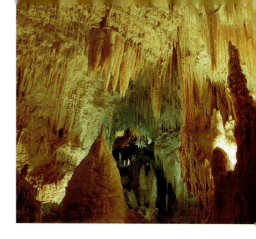

leuchtende Punkte. Sehr viel weniger Leute trifft man in den trockenen unbelebten, aber sehr schön geformten Aranui-Höhlen. Seit Juli 2005 ist ein weiteres eindrucksvolles Höhlensystem, die Ruakuri Cave, öffentlich zugänglich. Wer mehr als einen Spaziergang sucht, kann die Höhlen auch aufregender erforschen. In den Ruakuri Caves darf man klettern, sich abseilen und auf einem Gummiring gemächlich in unterirdischen Flüssen dahintreiben. Drei bis fünf Stunden sanftes Abenteuer kosten 40 bis 75 Euro. Normale Fitness genügt. Die wildeste Seite der Waitomo Caves sieht man auf einer Tour, die »Hagga's Honking Holes« heißt. Teilnehmer sollen, so der Veranstalter, fit und tapfer sein – und sich in vier Stunden dreimal durch Wasserfälle abseilen.

Kaum bekannte Attraktionen

Wieder im Freien, schwingen sich fast alle Höhlenbesucher gleich wieder ins Auto und kehren zur Hauptstraße zurück. Sie versäumen einen Geheimtipp: Wer dem Waitomo-Tal weiter Richtung Westen folgt, wird mit einer Fülle von Attraktionen belohnt, die selbst in Neuseeland kaum bekannt sind und zumindest einen halben Tag Zeit wert sein sollten (alle Entfernungsangaben von Waitomo-Höhlen).

Es beginnt mit dem Naturschutzgebiet Ruakuri Caves (2 km). Hier findet man auf 114 Hektar spektakulären Urwald und Kalksteinformationen. Am Mangapohue Bach (25 km) führt ein Spazierweg unter einem 17 Meter hohen natürlich geformten Kalksteinbogen durch und hin zu Farmland, wo man 30 Millionen Jahre alte Riesenaustern als Fossilien in den Felsen findet.

Die Piripiri-Höhle (27 km) bietet Kalkstein-Natur pur – ohne die Beleuchtung und Bodenplatten der viel besuchten Höhlen. Die Marokopa-Wasserfälle (29 km) haben eine Fallhöhe von 30 Metern und sind von großer Schönheit. Der Ort Marokopa (44 km) liegt bereits an der Westküste. Die schöne, stille Lagune kann zwischen Januar und Mai lebendig wie ein Jahrmarkt werden, wenn die Kahawai (ein zwei Kilogramm schwerer, kämpferischer Meeresfisch) in Schwärmen die Flussmündung erreichen.

KIWIHAUS OTOROHANGA

Der Kiwi ist Neuseelands nationaler Vogel. Etwa 50 000 Exemplare, verteilt auf sechs Unterarten, leben auf beiden Hauptinseln. Weil sie nachtaktiv sind, sieht kaum ein Urlauber den scheuen Waldbewohner in freier Wildbahn. Deshalb sind überall im Land Kiwihäuser eingerichtet. Sie werden tagsüber dunkel gehalten, um den Vögeln Nacht vorzugaukeln und sie so aktiv präsentieren zu können. Sind die Besucher fort, geht im Kiwihaus die elektrische Sonne auf, und die Kiwis gehen schlafen. Neben dem Kiwihaus bietet Otorohanga auch Neuseelands größte Voliere, in der man andere, ebenfalls endemische Vögel erleben kann: Papageien wie Kea oder Kakariki, den Neuseeland-Falken, die Waldtaube Kereru und Nektarfresser wie Tui oder Bellbird.

Kiwihaus Otorohanga, Alex Telfer Drive, 9.00–16.00, Eintritt 8 Euro, Tel. 07 873 7391, www.kiwihouse.org.nz

WEITERE INFORMATIONEN ZU WAITOMO

The Legendary Black Water Rafting Co.: Waitomo Caves, Tel. (07) 878 6219, www.blackwaterrafting.co.nz

Hagga's Honking Holes: First Light Travel Ltd., Tel. (09) 360 8320, www.firstlighttavel.com

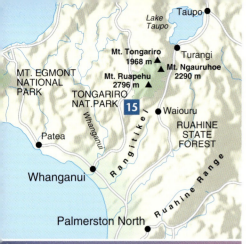

Die Nordinsel

15 Tongariro National Park

Einzigartige Vulkanlandschaft im Zentrum der Nordinsel

Der älteste Nationalpark Neuseelands (1887) fußt auf einer Stiftung der Maori an die neuseeländische Regierung. Es gelang ihnen damit, Grabstätten vor der Erschließung zu schützen. Heute umfasst der Park 752 Quadratkilometer und hat den Welterbe-Status der UNESCO verliehen bekommen. Seinen Kern bilden drei aktive Vulkansysteme.

Einer Maori-Legende zufolge begannen die Eruptionen, als der Priester und Entdecker Ngatoroi-rangi (»Donnern des Himmels«) das Gebiet vor etwa 800 Jahren erforschte und im Schnee unter den Gipfeln zu erfrieren drohte. Seine inbrünstigen Gebete um Hilfe wurden von den Geistern von Hawaiki erhört, sie schickten wärmendes Feuer, das durch die Bergspitzen ausbrach. Als Dank für die Rettung warf Ngatoroi-rangi eine Sklavin in die Glut des mittleren Vulkans, der nach dem Mädchen Auruhoe benannt ist.

Das feurige Herz der Nordinsel

Westliche Geologen haben eine vergleichsweise nüchterne Erklärung für das feurige Herz der Nordinsel: Neuseeland gehört geologisch zum »mobilen Gürtel« am Rand des Pazifiks – Teil einer Kette von Brüchen und Verwerfungen in der Erdkruste, die von Neuseeland bis nach Japan reicht und sich entlang der amerikanischen Westküste wieder nach Süden erstreckt. Die Halbinsel nördlich von Auckland ist Teil einer Verwerfung, die in Neukaledonien wieder aus dem Meer auftaucht. Eine zweite Verwerfung verläuft zu den Kermadec-Inseln und weiter nach Tonga. Im Zentralplateau der Nordinsel treffen beide Verwerfungen aufeinander – zum Unglück der Region: Am Taupo-See hat sich vor etwa 2000 Jahren die katastrophalste Vulkaneruption der Menschheitsgeschichte zugetragen – sie war so enorm, dass Wissenschaftler im fernen China von ihr berichteten.

Vulkanausbrüche sind bis heute in Neuseeland häufig geblieben. Sie haben in den letzten 150 Jahren mindestens 337 Menschen getötet – mehr als jede andere Naturgewalt. Viele von ihnen tragen sich im Tongariro-System zu.

Der Nationalpark umfasst drei Vulkane: Tongariro (1968 m) liegt dem Taupo-See am nächsten. Er ist der kleinste Vulkan und hat dem ganzen Nationalpark den Namen gegeben. Südlich davon folgt Ngauruhoe (2290 m) – er ist der jüngste und deshalb ebenmäßigste Vulkankegel. Eine größere Eruption in den Jahren 1954/55 hielt neun Monate an.

Ganz oben: Blick über die Acacia Bucht zum Tongariro National Park. Oben: Die Emerald Lakes haben ihren Namen von ihrer smaragdenen Färbung. Rechts: Die Wände des Kratersees am Gipfel des Vulkans Ruapehu sind instabil. Rechts oben: Am Forellenwasser Turangi lassen Angler die Fische nach dem Siegerfoto oft wieder schwimmen.

Tongariro National Park

Ngauruhoe war im »Herrn der Ringe« als der Berg des Bösen, Mount Doom, zu sehen.

Der Ruapehu ist mit 2797 Metern der höchste und massigste Berg der Nordinsel. Die »explodierende Grube« besteht aus mehreren Gipfeln. Sie sind ständig schneebedeckt und erstrecken sich mit einem säurehaltigen, blubbernden Kratersee und sechs kleinen Gletschern über drei Kilometer Länge.

Ruapehu gehört zu den seltenen aktiven Vulkanen mit einem Kratersee. Von ihm geht, was Eruptionen anbelangt, die größte Gefahr aus. Schlammfluten, durchsetzt mit Gesteinstrümmern, donnern dann an den Flanken zu Tal; im schlimmsten Fall, im Jahr 1953, hat dies ein Zugunglück mit 151 Toten verursacht.

Auch Fälle, wo es glimpflich abgeht, sind spektakulär: Am 23. September 1995 schickte Ruapehu eine Schlammlawine über ein Skifeld an seiner Flanke, das erst 57 Minuten zuvor mit Sirenenalarm geschlossen worden war. Zwei Wochen später, am 7. Oktober, warf er eine acht Kilometer hohe Aschenwolke aus. Zuletzt spukte er im Jahre 2007 Gesteinstrümmer. Ein Trümmerstück traf einen Bergsteiger so unglücklich, dass ihm ein Bein amputiert werden musste. Das Informationszentrum des Nationalparks liegt im Dorf Whakapapa 1127 Meter über dem Meeresspiegel. Hier gibt es ein schönes altes Hotel, das Chateau Tongariro. Die umliegenden Wanderwege sind sehr vielfältig: Besucher gehen eine Stunde auf Spazierwegen oder stürmen im Tongariro Crossing an einem Tag über einen Sattel zwischen den Vulkanen. Im Winter ist in Whakapapa das größte Skigebiet der Nordinsel in Betrieb. Auch die Hänge von Turoa und Tukino wurden für Skifahrer erschlossen.

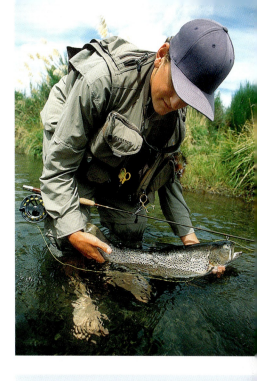

TONGARIRO TOURING

Der schönste Weg zu den Vulkanen führt über Turangi, am Südende des Taupo-Sees. Hier verlässt man den Highway 1, fährt kurz Richtung Tokaanu und biegt links auf die 47. Sie führt auf den bewaldeten Berg Pihanga, der prachtvolle Aussichten auf den Taupo-See bietet und an den Lake Rotoaira grenzt. Eine Stichstraße führt dann ins eigentliche Nationalparkgebiet auf knapp 1100 Meter Höhe.
Der Nationalpark lässt sich auch an einem Tag per Auto bequem umrunden. Auf 183 Kilometern warten vielfältige Attraktionen: Der Tongariro River ist bei Anglern und Floßfahrern gleichermaßen beliebt. Bei Ohakune stehen majestätische Rimu-Bäume, 30 Meter hoch und 600 Jahre alt. Vom nahen Raetihi aus kann man auf dem SH4 nach Wanganui fahren. Eine noch schönere schmale Straße, die River Road, folgt dem Nationalpark des Whanganui River nach Süden.
Rundflüge: Mountain Air, National Park, etwa 90 Euro, Tel. (07) 892 2812, *www.mountainair.co.nz*

Die Nordinsel

16 East Cape

Stille Schönheit im Osten

Südlich der Bay of Plenty ragt Neuseeland am weitesten nach Osten in den Pazifik hinein. Hier am East Cape, nahe der Datumsgrenze, beginnt jeder neue Tag der Welt – und er beginnt oft langsam, mit Vogelgesang und dem leisen Rauschen von Wellen. Kurz mischt sich das Knattern von einem alten Außenbordmotor dazu, wenn einer (oft mit Kindern, die eigentlich zur Schule gehen sollten) hinausfährt zum Fischen – dann ist es wieder still.

Das East Cape, seine malerische Landschaft und »Traumzeit« waren lange ein Geheimtipp unter Neuseeländern. Seit es die Kulisse zu dem Spielfilm »Whalerider« abgegeben hat, dessen Star Keisha Castle-Hughes 2003 für einen Oscar nominiert wurde, ist das freilich anders.

Besucher aus aller Welt finden hier historischen Boden. Entdecker sind zuerst am East Cape gelandet, Polynesier vor rund 1000 Jahren, James Cook 1769. Noch heute ist der Landstrich eine Domäne der Maori: Der Stamm der Ngati Porou besitzt viel Land und stellt fast die Hälfte der Bevölkerung – der nationale Durchschnitt liegt bei 15 Prozent. Ngati Porou sind berühmt für ihre Holzschnitzereien; ihre Werke sind oft die Prunkstücke in den Museen von Auckland und Wellington. Einige herrliche Arbeiten kann man auch am Kap besuchen.

Das Ostkap ist ein Agrargebiet. In den schmalen Küstenebenen gedeihen die industrielle Salat- und Tomatenproduktion ebenso wie Zitrusfrüchte und Chardonnay. Im Hinterland, wo sich die schroffen Gipfel der Raukumara mit dem Hauptgipfel Hikurangi (1754 m) erheben, wird vor allem Schafzucht betrieben. Gut bezahlte Stellen sind selten, und so bleiben am East Cape das niedrigste Durchschnittseinkommen Neuseelands und die Abwanderung der Menschen bittere Realität.

Ein philosophischer Schäferhund

Das harte Bauernleben hat ein lokaler Farmer, Murray Ball, als Hintergrund für einen Comicstrip benutzt, der in Neuseeland so bekannt und beliebt ist wie die Peanuts in Europa: Die Hauptfiguren von Footrot Flats (»Fußfäule Flachland«) sind der Farmer Wal und sein treuer Schäferhund Dog. Wal, stets in Unterhemd und Gummistiefeln, ist grob und faul, der Hund philosophisch, beide leben mit den fürs Ostkap typischen

Ganz oben: Die Kirche von Tikitiki ist ein schönes Beispiel für das Zusammenspiel von Maorikunst und Christentum. Oben: Manche Maori tragen die traditionelle Gesichtstätowierung, das Moko dauerhaft. Das Moko wächst ein Leben lang mit dem Ansehen des Trägers. Rechts oben: Buchten wie die Waipiro Bay sind typisch für den Osten der Nordinsel.

Ganz oben und oben: Es leben gleich viele Maori und Weiße am Ostkap, meist von Landwirtschaft und Fischerei. Die Kinder gehen gemeinsam zur Schule, dann trennen sich oft die Wege wieder. Oben Mitte: Landungssteg in Tolaga Bay. Rechts: Über der Provinzhauptstadt Gisborne erhebt sich das Standbild James Cooks, des Weltumseglers aus Yorkshire.

Die Nordinsel

Naturkatastrophen wie Erdrutschen und Überschwemmungen. 120 Zeitschriften in aller Welt haben den Strip gekauft, Millionen von Lesern die Bücher; Ball hat das Projekt 1994 eingestellt.

Rund ums Kap

Man kann das East Cape entlang einer Straße erkunden, die 342 Kilometer lang von Opotiki nach Gisborne führt. Die Rückkehr von Gisborne nach Opotiki über den Waioeka Scenic Highway durch das Landesinnere ergibt eine Rundreise von 490 Kilometern. Die beste Reisezeit ist kurz vor Weihnachten, wenn Pohutukawa-Bäume in roter Blüte stehen. Drei Tage Zeit sollte man für die Rundfahrt mindestens veranschlagen. Eine Auswahl an Stopps – gereiht von Nord nach Süd: Te Kaha (69 km östlich von Opotiki) war eine alte befestigte Maori-Siedlung in besonders schöner Lage. Reste der Befestigungen findet man hinter dem Te-Kaha-Motel. Nahebei steht Raukokore Church, eine anglikanische Kirche, 1894 erbaut, direkt am Meer.

Waihau Bay bietet einen Campingplatz. Taucher haben die Gelegenheit, die reiche Unterwasserwelt in Küstennähe bei Tauchgängen vom Strand aus zu erforschen. Whangaparaoa (118 km) bedeutet »Bucht der Wale«; das anschließende Cape Runaway (Fortlaufer Kap) hat James Cook 1769 so getauft. Der Name beschreibt, wie fünf Kriegskanus der Maori auf Schrotsalven reagiert haben. Hicks Bay (153 km) mögen Camper, auch Glühwürmchenhöhlen und ein schönes Versammlungshaus (Tuwhakairiora, 1872) kann man besuchen.

In Te Araora (165 km) müssen Sie sich den schönsten Pohutukawa-Baum des Landes ansehen; von hier aus führt eine Nebenstraße 21 Kilometer weiter zum Leuchtturm am eigentlichen East Cape, dem östlichsten Punkt Neuseelands. Tikitiki (192 km) gilt als Landeplatz des mythischen Maui; die Kirche St. Mary's ist reich an Schnitzereien und den gefallenen Maori-Soldaten des Ersten Weltkriegs gewidmet. Ruatoria (212 km) ist der Hauptort der Ngati Porou. Leute reiten hier auf Pferden, manche sehen recht verwegen aus, haben das Gesicht tätowiert und tragen Rastafarian-Locken. In Te Puia (239 km) laden heiße Quellen zur Rast ein, an der Tokomaru Bay kehrt die Straße an die Küste zurück. Es folgen viele prachtvolle Strände. An der Anaura Bay (273 km) findet man am Nordende des Strandes einen schönen zweistündigen Wanderweg; Tolaga Bay (286 km) bietet Captain Cooks Höhle und einen langen Landungssteg; Whangara liegt Gisborne schon recht nahe und ist die nähere Heimat der »Whalerider«-Aufnahmen.

Die Provinzstadt Gisborne

Die 33 000 Einwohner von Gisborne leben mit zwei falschen Namen: Die Siedlung hieß eigentlich Turanga. Die Umbenennung zu Ehren eines britischen Kolonialministers (Sir Gisborne) sollte ewige Verwechslungen mit der Hafenstadt Tauranga in der Bay of Plenty beenden. Auch das Umland von Gisborne, blühendes Farmland, sollte nicht Poverty Bay, Bucht der Armut, heißen. James Cook war es, der die Bucht so nannte, als er 1769 schrieb: »Wir fanden nichts von dem, was wir benötigten, außer ein bisschen Feuerholz.«

East Cape

Gisborne ist heute eine sonnige, abgelegene Provinzstadt, in der das Leben ruhig und leger verläuft. Vor allem Neuseeländer kommen hierher. Die Strände von Wainui, Okitu und Makaorori eignen sich ausgezeichnet zum Wellenreiten. An der Stout Street im Stadtzentrum liegt das Museum und Kunstzentrum des Ortes. Das Tairawhiti Museum erläutert die turbulente Geschichte der Region.

Am stadtnahen Kaiti Hill blickt eine lebensgroße Statue von James Cook auf die Stelle, wo der Seefahrer am 9. Oktober 1769 als erster Weißer neuseeländischen Boden betrat. Auf der anderen Seite der Bucht liegt Young Nick's Head, ein Vorgebirge, das den Namen des 12-jährigen Schiffsarztgehilfen Nicholas Young trägt, der als Erster der Besatzung der »Endeavour« Land sichtete.

Kulturschatz Manutuke

Die Versammlungshäuser der Maori sind, oft reich mit Schnitzereien versehen und mit Paneelen ausgekleidet, ihre eindrucksvollste Kulturleistung und stecken voller Symbolik. Stämme leiten sich von Vorfahren her, die oft vor 30 und mehr Generationen gelebt haben. Dieser Vorfahr ist durch das Haus symbolisiert: Sein Haupt auf dem Dachgiebel, die Dachsparren sind seine ausgestreckten Arme, die in Fingern auslaufen. Wer ein Versammlungshaus betritt, vereint sich symbolisch mit dem Stammesvater. Deshalb sollte man immer vor Ort um Erlaubnis fragen und die Schuhe vor dem Eingang ausziehen.

Zwei der schönsten alten, noch erhaltenen Versammlungshäuser in Neuseeland findet man in Manutuke, 14 Kilometer südlich von Gisborne, am Highway 2: Te Mana ki Turanga, der Stolz von Turanga, steht auf dem Whakato Marae; Te Poho Rukupo auf dem Manutuke Marae. Auch das edelste und ehrwürdigste von allen Versammlungshäusern Neuseelands, Te Hau ki Turanga, stand hier. Der »Lebensatem« von Turanga (1842) ist heute im Nationalmuseum von Wellington zu sehen.

REBELLENFÜHRER TE KOOTI

Maori haben auch nach der Vertragsunterzeichnung in Waitangi (1840) Widerstand gegen die weißen Kolonisten geleistet. Der letzte Guerillaführer der Maori, Te Kooti, war zugleich einer der interessantesten. Te Kooti lebte als Händler mit eigenem Segelboot mit den ersten Siedlern am Kap gut zehn Jahre in Frieden. In den Kriegswirren ab 1860 wurde er (wohl zu Unrecht) als Spion auf die Chatham-Inseln 860 Kilometer vor Neuseelands Küste verbannt. Er entkam, kehrte an die Poverty Bay zurück und begann, als man ihn erneut verfolgte, einen Privatkrieg gegen die Weißen. Zulauf verschaffte dem charismatischen Mann mit dem wallenden Bart eine von ihm gegründete Sekte (Ringatu), die unter den Maori bis heute fortbesteht. Te Kooti führte einen Guerillakrieg, überfiel Höfe, Soldatencamps und zog sich wieder in die undurchdringlichen Urwälder der Urewera zurück. Truppen, die ihn verfolgten, konnten ihn nie finden. Repressalien gegen den Stamm der Tuhoe, die ihm Unterschlupf gewährten, waren die Antwort. Der letzte Schuss der Landkriege fiel am 14. 2. 1872; dann zog sich Te Kooti in das damals für Weiße gesperrte Gebiet King Country zurück, bis er 1881 begnadigt wurde. Erst seitdem bildet Neuseeland zumindest geografisch eine Einheit.

Die Nordinsel

17 Hawkes Bay

Tölpel, Wein und Sonnenschein

Die Landschaft der Hawkes Bay hebt sich deutlich von anderen Buchten Neuseelands ab, bestimmt von Kiesstränden und schroffen Klippen, umstanden von steilen Berghängen, deren Gras schon im späten Frühling verbrannt ist. Die Kargheit hat Neuseelands größten Dichter, James K. Baxter, inspiriert: Das Gedicht »Bei Akitio« erzählt von einem Landstrich, »der noch niemals irgendwas aus irgendwas gemacht hat«, ein Platz für »Wanderer, die eine Geliebte oder einen Freund verloren haben«. Ganz so schlimm ist es nicht: Hawkes Bay ist der Obstgarten und das älteste Weinanbaugebiet Neuseelands und bietet in Napier ein Städtchen mit Art-déco-Charakter.

Drei Städtchen zählt die Hawkes Bay: Hastings ist das Obstbauzentrum, Havelock North (ganz oben) die beste Wohngegend, Napier (oben) für Art-déco-Gebäude bekannt. Rechts oben: Neuseelands erstes Weingut, Mission Estate, haben französische Priester zur Messweinproduktion aufgebaut. Rechts: Cape Kidnappers und seine Tölpelkolonie.

Am 3. Februar 1931 wurde die Hawkes Bay vom tödlichsten Erdbeben betroffen, das je in Neuseeland stattfand. Es erreichte eine Stärke von 7,8 auf der Richterskala, durch die Erdstöße und die dadurch ausgelösten Brände kamen 258 Menschen ums Leben. Napier war am stärksten betroffen. Freiwillige Helfer vollbrachten wahre Heldentaten, um Menschen zu retten. Das große Erdbeben wirkt heute als Segen. Es hat 3300 Hektar Land zusätzlich aus dem Meer gehoben. Darauf wurde, als nationale Anstrengung, Napier neu erbaut – teilweise im Art-déco-Stil. Diese Ensemble sind in Neuseeland heute einzigartig, wenn sie auch nach internationalen Maßstäben eher bescheiden wirken. Eine Art-déco-Vereinigung unternimmt Führungen zu allen wesentlichen Gebäuden. Am dritten Wochenende im Februar findet das »Art-déco-Wochenende« statt. Tausende kleiden sich im Stil der Roaring Twenties, polieren ihre Oldtimer blank und beladen sie mit gewaltigen Picknickkörben, dazu intonieren Musikkapellen Hits der 1920er Jahre.

Im Alltag ist die Marine Parade in Napier die erste Adresse für Besucher. Hier findet man neben dem Erdbeben-Museum vor allem tierische Attraktionen: Im Marineland werden zweimal täglich Delfinshows gezeigt. Das Kiwihaus zeigt den nachtaktiven Nationalvogel im Dämmerlicht. Das Standbild eines Fischers, der ein volles Netz einholt, steht vor dem Hawkes-Bay-Aquarium. Hier schwimmen vor allem Fische aus der Bucht.

Hawkes Bay

Cape Kidnappers am Südende der Hawkes Bay verdankt seinen Namen einem Zusammenstoß zwischen Cook und den Maori, die ein Mitglied von Cooks Mannschaft entführten. Berühmt ist das Kap für die größte Tölpelkonie des Landes. Die *Sula serrator* (Gannet) ist ein weißer Vogel mit goldenem Krönchen und schwarzen Flügelspitzen, der in Australien und Neuseeland nistet. Es ist ein Erlebnis, den Tölpeln beim Fischen zuzusehen. In Gruppen stürzen sie sich aus großer Höhe ins Meer und erreichen dabei Geschwindigkeiten bis zu 145 Stundenkilometern.

Hastings und Havelock North

Der Zwillingsbruder von Napier ist sein natürlicher Rivale. Als »Obstgarten Neuseelands« ist Hastings von großen Plantagen umgeben, deren Bäume im Frühling in herrlicher Blüte stehen. Hier wachsen Aprikosen, Kirschen, Pfirsiche, Pflaumen, Äpfel, Birnen und verschiedene Beerensorten. Ausgezeichnete Böden, ein mediterranes Klima, Wasser aus unterirdischen Wasseradern und experimentierfreudige Züchter begründen den Erfolg.

Das nahe Havelock North ist ein feines Wohnviertel mit berühmten Privatschulen und der schönsten Aussicht über die Bay, dem Te Mata Peak. Eine gewundene Straße führt zum Gipfel. Wer es sich zutraut, kann mit einem Gleitschirm ins Tal schweben. Südlich von Hastings erstreckt sich weites Farmland mit zwei kleineren Städtchen: Waipukurau und Waipawa. Wer von Waipukurau aus die Nebenstraße Richtung Wanstead nach Süden nimmt, kommt zu einem 305 Meter hohen Hügel. Er heißt Taumatawhakatangihangakoauauotamateapokaiwhenuakitanatahu. Die 57 Buchstaben bedeuten: »Der Hügel, auf dem der Gemahl des Himmels, Tamatea, ein trauriges Lied auf seiner Flöte anstimmte, auf dass es seine Geliebte höre.« Wer der zum Teil nicht asphaltierten Straße weiter folgt, erreicht 150 Kilometer weiter südlich Masterton und die Landschaft des Wairarapa – und damit den landschaftlich schöneren Zugang zu Wellington.

EDLE TROPFEN

Das erste Weingut in Neuseeland wurde an der Hawkes Bay gegründet. Was französische »Padres der heiligen Maria« 1851 am Ortsrand von Napier als Messweinproduktion begannen, steht noch heute in Blüte und bietet ein erstklassiges Restaurant (*www.missionestate.co.nz*). In den letzten 30 Jahren haben sich viele weitere Produzenten angesiedelt, die teilweise preisgekrönten Chardonnay, Merlot, Syrah und Cabernet Sauvignon anbauen. Ein besonders interessantes Gebiet sind Gimbletts Gravel – der steinige Boden eines ausgetrockneten Flusstales bringt gehaltvolle Rotweine hervor.

Insgesamt zählt der Weinführer der Hawkes Bay 35 Produzenten auf. Die meisten Güter können besichtigt werden und bieten Degustationen an; viele haben auch Restaurants eingerichtet. Für exzellente Qualität sind etwa die Weingüter Sileni (Tel. (06) 879 8768, *www.sileni.co.nz*) und Alpha Domus (Tel. (06) 879 6752, *www.alphadomus.co.nz*) bekannt. »Craggy Range« bei Havelock North hat noch weitere Vorzüge: Das edel gebaute Gut liegt an einer herrlich gezackten Bergflanke, daher auch der Name, und bietet ein preisgekröntes Restaurant. (Tel. (06) 873 7126, *www.craggyrange.com*).

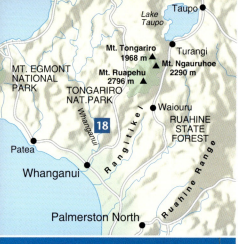

Die Nordinsel

18 Whanganui River

Natur und Geschichte fernab der Tourismusrouten

Der Whanganui, Neuseelands längster schiffbarer Fluss, hat zwei Gesichter. Im Oberlauf findet man Schluchten, Stromschnellen und herrlichen Urwald – sie stehen als Whanganui National Park seit 1987 unter strengem Naturschutz und sind nur per Boot zugänglich. Im Unterlauf fließt der Whanganui breit und behäbig durch Farmland, ehe er bei der Stadt Whanganui in die Tasman-See mündet.

Die Stadt Whanganui ist für neuseeländische Verhältnisse alt – sie wurde 1841 von Vertretern der New Zealand Company gegründet. Die Expeditionsleiter ankerten damals am Flussufer nahe des Maori-Dorfes Pukeiti und brachten Geschenke an Land, die von »nackten Wilden« fortgeschleppt wurden. Am nächsten Tag stapelten dieselben »Wilden« Schweineseiten und Süßkartoffeln an derselben Stelle auf. Was die Weißen bequemerweise als »Grundkauf« auslegten, war für die Maori eine polynesische Sitte – Geschenk und Gegengeschenk. Der Ärger über den Betrug ist bis heute nicht ganz verraucht. Die Moutere Gardens am Flussufer, Stätte des Landkaufes, werden gelegentlich von Maori besetzt, dort aufgestellte Denkmäler von Koloniesoldaten verlieren regelmäßig den Kopf. Derzeit laufende Entschädigungsverhandlungen werden die Situation wohl beruhigen.
Besuchern präsentiert sich das renovierte Städtchen Whanganui (39 400 Bewohner) hübsch und provinziell-behaglich. Neben der Hauptstraße Victoria Street liegen die Sarjeant Gallery, eine schöne Privatgalerie, und das beste Regionalmuseum des Landes, das Whanganui Regional Museum.
Den besten Rundblick genießt man vom Durie Hill aus am Ende der Victoria Street am anderen Ufer des Flusses. Ein in den Berg gebauter historischer Aufzug bringt einen auf den Hügel. Wer höher hinauswill, kann weitere 191 Stufen auf den Memorial Tower steigen. Kunstinteressenten sollten sich bei der Besucherinformation den »Arts Trail« geben lassen. Mit seiner Hilfe kann man einige oft ausgezeichnete Kunsthandwerker in ihren Studios besuchen.
Eine schmale gewundene, romantische Straße, die River Road, führt von Wanganui 79 Kilometer stromaufwärts zum Dorf Pipiriki. Man gelangt unterwegs zu Aussichtspunkten wie Operiki Pa und Moutoa Island und trifft auf stille Maori-Siedlungen wie Koriniti. Hier kann man lokale Maori und ihr Dorf kennenlernen.

Ganz oben: Die Hauptstraße der Provinzstadt Whanganui ist nach der britischen Königin Victoria benannt. Hauptattraktion für Besucher ist der Oberlauf des Whanganui River, ein Nationalpark mit malerischen Schluchten (oben) und herrlichem Urwald. Die Brücke (rechts) zu einer aufgegebenen Siedlung führt heute ins Nirgendwo – Bridge to Nowhere.

Whanganui River

Der schönste Abschnitt des Flusses liegt im Mittellauf, oberhalb von Pipiriki – ohne Straßenzugang. Viele Besucher steigen in ein Jetboot und erledigen das gesamte Fluss-Sightseeing in einem Nachmittag. Dazu gehört typischerweise ein Besuch an der Bridge to Nowhere. Diese Brücke ins Nirgendwo war der einzige Zugang zu einer Siedlung, die 1942 wieder aufgegeben wurde. Wer will, kann für den Rückweg ein Kanu benutzen.

Wer mehr Zeit hat, beginnt die Reise am Oberlauf des Flusses in Taumarunui. Von hier aus kann man per Kanu mit oder ohne Führer bis ans Meer paddeln. Man übernachtet unterwegs in Hütten oder auf Campingplätzen. Die Reise dauert eine Woche und ist auch für Kanu-Neulinge machbar, denn der Whanganui hat 239 Stromschnellen, aber sie sind allesamt sanft (Grad 2 auf einer Skala, die von eins bis sechs reicht).

Auch sehr schöne Wanderungen sind möglich. Der Skyline Walk ist eine Ganztagestour und belohnt einen mit Blicken auf die verschneiten Gipfel der Vulkane Taranaki (im Westen) und Ruapehu (im Osten). Matemateaonga Track und Mangapurua Valley Walk dauern zumindest drei Tage, Letzterer führt auch zur Bridge to Nowhere. Zugang und Abholung erfolgt per Jetboot.

DER LETZTE DAMPFER

An einem Landungssteg im Zentrum von Wanganui liegt *PS Waimarie*, Neuseelands letzter Schaufelraddampfer, wobei das Kürzel »PS« Paddle Steamer bedeutet. Das Holzschiff wurde 1900 gebaut, um Waren und Passagiere auf dem Fluss Whanganui zu transportieren. 1952 sank der 80-Tonner im Sturm und lag 41 Jahre im Schlamm. Dann wurde das Wrack von Enthusiasten aus Wanganui gehoben und in sieben Jahren Arbeit restauriert. Seit 2000 fährt die *Waimarie* täglich eine Stunde den Fluss hinauf und wieder hinunter. *PS Waimarie*, Riverboat Centre, 1a Taupo Quay, Wanganui. Tel. (06) 347 1863, *www.riverboats.co.nz*

INFORMATIONEN ZU WHANGANUI UND WHANGANUI RIVER

Whanganui Regional Museum: Tel. 06 345-7443, *www.wanganui-museum.org.nz*
Maori-Siedlung Koriniti: Tel. (06) 342 8198, *www.koriniti.com*
Bridge to Nowhere: Jet Boat Tours, Pipiriki, Tel. 0800/480-308, *www.bridgeto-nowheretours.co.nz*
Wanderungen (1–3 Tage): Informationen und Besucherpass bei DOC, 74 Ingestre Street, Whanganui, Tel. (06) 345 2402, *www.do.govt.nz*

Die Nordinsel

19 Wellington: kleine, sympathische Hauptstadt

Die eigenwillige Mini-Metropole denkt und lebt modern

Es ist kein Wunder, dass Wellington mit San Francisco verglichen wird: Beide Städte sind relativ klein, haben anstrengende Topografien, Drahtseilbahnen und eine Neigung zu Erdbeben. Und in beiden sorgt eine Seebrise für frische Luft. Der kräftige Wind hat den Hauptstädtern Neuseelands zu einer frischen, durchgelüfteten Lebenseinstellung verholfen: Die 460 000 Menschen der Region denken modern und zukunftsgerichtet – und sie feiern Feste, wie sie fallen.

Ganz oben: Alle zwei Jahre feiert Wellington das nationale Kulturfest. Oben: Das Einkammer Parlament wurde aus Neuseeländischem Marmor errichtet. Rechts oben: Wellingtons Skyline vom Aussichtsberg Victoria. Rechts: Vor der Südspitze der Nordinsel am Cape Palliser erstreckt sich die Cook Strait und, etwa 20 Kilometer südwestlich, die Südinsel.

Vom stadtnahen Aussichtsberg Mount Victoria bietet Neuseelands Hauptstadt ein schönes Bild: rund um einen hufeisenförmigen Naturhafen stehen Regierungsgebäude und Konzernzentralen, dahinter drängen sich viktorianische Holzhäuschen an steilen Berghängen aneinander. In der Mitte des Hafens liegt Matiu, Somes Island. Das Inselchen hat eine bewegte Geschichte: In den Pioniertagen hat man hier Immigranten isoliert, die als schwer krank galten; während der Weltkriege waren hier Feindsubjekte interniert, darunter auch viele Deutsche.

Auf der Halbinsel Miramar, dort, wo heute der Flughafen liegt, begann die Siedlungsgeschichte der Stadt. Der lokale Maori-Stamm lebte hier bis 1819 recht friedlich, dann brachte ein Ereignis im Norden alles aus dem Gleichgewicht. Waikato-Maori vertrieben mit Musketen Ngati Toa aus Kawhia und Te Ati Awa aus Taranaki – beide zogen in das Gebiet um Wellington. Hier lebten nun drei Stämme in einem prekären Zustand zwischen Krieg und Frieden.

Man kann sich vorstellen, wie verworren 1839 die Grundbesitzverhältnisse gewesen sein müssen, als William Wakefield in den Hafen segelte, um Land für eine Kolonie seines Bruders Edward Gibbon Wakefield zu kaufen. Auch der Dolmetscher war keine große Hilfe: Dicky Barrett war ein rundlicher, vergnügter Walfänger, der in einen Maori-Stamm eingeheiratet hatte und nach der Verhandlungsführung die erste Kneipe in Wellington eröffnete.

Wakefield fand recht schnell »Verkaufswillige« und verteilte, ohne lange nach deren Rechtstitel zu fragen, 100 Musketen, 100 Decken, 60 rote Nachtmützen und ein Dutzend Regenschirme unter

Die Nordinsel

Ganz oben: Wellingtons Cable Car verbindet die Einkaufsstraße Lambton Quay mit dem Botanischen Garten. Oben Mitte: Fußgängerzone Willis Street. Oben: Im Regierungsgebäude Beehive liegen die Ministerbüros. Rechts oben: Das Nationalmuseum Te Papa ist Teil der Hafenrevitalisierung. Rechts: Old St. Paul's, eine stimmungsvolle Holzkirche.

ihnen. Es geht aus historischen Quellen deutlich hervor, dass die Maori nicht daran dachten, Land zu verkaufen. Sie meinten, die Zahlung betreffe das Siedlungsrecht einzelner Weißer in ihren Dörfern. Von organisierter Einwanderung hatten sie überhaupt keine Vorstellung. Dieser »Landkauf« brachte den frühen Siedlern bald eine Reihe von Kämpfen mit den Maori ein, die sich geprellt sahen. Auch viele Weiße fühlten sich von Wakefields New Zealand Company übers Ohr gehauen. Der Siedler John Plimmer sprach anderen aus der Seele, als er klagte, der Ort, den man ihm als eine Art »Garten Eden« geschildert hatte, sei in Wirklichkeit eine »wilde und raue Gegend«.

In der Tat: Die ersten Gründerväter wurden im Sand am sumpfigen Ende des Hutt Valley abgeladen. Als der Fluss dann ihre Zelte überflutete, zogen sie in die Bucht von Wellington um (Stadtteil Thorndon). Hier war es zunächst ungeheuer eng, denn wo heute Lambton Quay liegt, rauschte damals das Meer. Erst Naturgewalten retteten die Stadt der New Zealand Company. Das Erdbeben von 1855 hob den Uferstreifen um mehr als einen Meter und gab flachen Grund am Hafen frei, weiteres Land wurde durch Reklamationen gewonnen. Das wieder erlaubte es, die Hauptstadt 1865 hierher zu verlegen.

Alles zusammen erklärt vielleicht, warum die Leute in Wellington eher frühe Siedler wie John Plimmer als Stadtväter sehen. Ihn sieht man, in Bronze gegossen, mit Zylinder am Lambton Quay flanieren. Für William Wakefield haben sie recht wenig übrig – sein Denkmal sucht man in der ganzen Stadt vergeblich.

Goldenes Dreieck

Alle Hauptattraktionen der Mini-Metropole liegen innerhalb eines Dreiecks, dessen längste Seite zwei Kilometer misst – man kann sie gut zu Fuß erkunden.

Das Nationalmuseum Te Papa Tongarewa vereint unter seinem modernen Dach in lockerer Zusammenstellung, was Neuseeland ausmacht. Der Civic Square ist gestalteter Raum, eine Arbeit des unkonventionellen Stararchitekten Ian Athfield. Dazu gehört das Michael Fowler Centre, Rathaus und Kongresszentrum in einem, und die ehrwürdige Konzerthalle, Old Town Hall. In Jahren mit gerader Endzahl beherbergen die beiden Gebäude das wichtigste Kulturfest des Landes.

Am Civic Square steht auch der Capital Discovery Place, der Kindern jeden Alters spielerisch Wissen zu Technik und Umwelt vermittelt. Die ehemalige Bibliothek aus den 1930er Jahren heißt heute City Gallery und dient als städtische Galerie für moderne Kunst. Die neue Bibliothek daneben gleicht innen einer Stahlfabrik; ihre geschwungene Außenfassade zieren Palmen aus Beton und Metall – sie stammt, natürlich, ebenfalls von Ian Athfield.

An der nahen Cuba Street sind Geschäfte, Cafés und Buchläden so individuell wie ihre Besucher. Cuba Street kreuzt Courtenay Place, die Restauranthauptstraße der Stadt. Das Museum of Wellington City and Sea bietet interessante Relikte zu Schiffsunglücken, aber auch Plimmers Ark Gallery. Es zeigt die Reste des gestrandeten Segelschiffes *Inconstant*, in dessen Bauch Gründervater Plimmer den ersten Laden der Kolonie

Wellington: kleine, sympathische Hauptstadt

eingerichtet hatte. Am Lambton Quay, der Haupteinkaufsstraße Wellingtons, reichen Arkaden oft in mehreren Etagen in die Häuserzeile hinein. Eine Standseilbahn (Cable Car) verbindet sie mit den schönen Botanischen Gärten. Südwestlich der Botanischen Gärten liegt das Karori Wildlife Sanctuary (Waiapu Road). Auf 252 Hektar Fläche gibt es 35 Kilometer an Spazierwegen durch eine Wald- und Wasserlandschaft. Auf dem Rückweg zur Stadt sollte man in der Nairn Street stoppen. Hier steht, nahe der Ecke zur Willis Street, Wellingtons ältestes Haus. Es stammt von 1858 und ist heute als Colonial Cottage Museum öffentlich zugänglich (www.colonialcottagemuseum.co.nz).

Beamtenfleiß im Bienenkorb

Am Regierungsviertel steht eine renovierte Fiktion: Die Steinquader der Old Government Buildings (1876) sind in Wahrheit aus Kauri-Holz – es fügt sich zum zweitgrößten Holzbau der Welt. Das Wahrzeichen von Wellington steht gegenüber. Der runde Beehive (Bienenkorb) ist Tummelplatz von Politikern und Beamten. Daneben liegt der Marmorblock der Parliament Buildings (1922). Die neugotische General Assembly Library (Kongressbibliothek) stammt von 1897.
Links neben dem Bienenkorb liegt ein vergleichsweise kleiner roter Ziegelbau: Turnbull House war früher das Heim von Alexander Turnbull, einem wohlhabenden Privatgelehrten. Er hat seine weltberühmte Bibliothek zur pazifischen Geschichte dem Staat vermacht. Sein Wohnhaus ist heute ein feiner Treffpunkt zum Lunch.

Gegenüber den Parliament Buildings an der Molesworth Street steht der »Backbencher«, das »Wirtshaus zum Hinterbänkler«. Das witzige Pub erfreut seine parlamentarische Stammkundschaft mit originellen Drinks wie dem »Korruptionisten-Cocktail«.
In der Mulgrave Street steht Old St. Paul's, eine eindrucksvolle kleine Holzkirche von 1866, das Juwel unter den 30 Kirchen der Stadt. Wer auf der Mulgrave Street weitergeht, kommt erst zur Murphy Street und stößt an deren Ende auf die Tinakori Road. Sie durchmisst Thorndon, das historische Viertel, wo Wellingtons Geschichte begonnen hat. Die kleinen Holzhäuschen für Soldaten und Arbeiter sind heute bunt. Hier kann man das Geburtshaus von Katherine Mansfield besuchen; die Räume sind historisch-getreu dekoriert und erinnern an Neuseelands tragische Schriftstellerin, die 34-jährig in Frankreich starb (25 Tinakori Road).

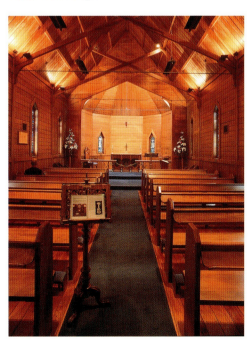

DER »HERR DER RINGE«

Der berühmteste und reichste lebende Wellingtonian ist der Filmregisseur und Produzent Peter Jackson. Ihm ist es zu danken, dass die Filmtrilogie vom »Herrn der Ringe« zur Gänze in Neuseeland gedreht wurde, an etwa 45 über das ganze Land verteilten Plätzen. 270 Millionen Dollar Produktionsbudget haben 23 000 Neuseeländer beschäftigt und unzählige Besucher ins Land gebracht. Wer den Film gesehen hat, will nun auch die Landschaft kennenlernen. Einige der Drehorte liegen rund um Jacksons Wohnsitz Wellington. Allerdings: Was im Film gewaltig wirkt, ist oft in Wirklichkeit klein und niedlich. Minas Tirith etwa, die Hauptstadt Gondors, stand als Modell in einem Steinbruch. Die Heimat der Elfen Rivendell und der Fluss Anduin wurden aus mehreren Orten zusammengefügt. Man findet sie nahe von Wellington im Kaitoke Regional Park und am Hutt-Fluss. Auch Frodos Reise ins Abenteuer begann lokal – am Mount Victoria, dem Aussichtsberg von Wellington.

Die Nordinsel

20 WOW: Festival der tragbaren Kunst

Reizflut für die Sinne

Jedes Jahr Ende September wird Wellington für zehn Tage zum buntesten Flecken auf der Mode-Weltkarte: Da feiert man in Neuseelands Hauptstadt das Festival der (eben noch) tragbaren Kunst-Kleider. Was vor 20 Jahren klein begonnen hat, ist nun ein internationales Spektakel mit neun Shows, das 30 000 Besucher aus aller Welt entzückt.

Neuseeländerinnen sind im allgemeinen eher zurückhaltend, was ihr Outfit angeht (ganz oben), aber beim WOW-Festival lassen sie es richtig krachen. (oben). Wellington bietet trotz seines bürgerlichen Ambiente (rechts) das richtige Umfeld für dieses Spektakel.

Alljährlich geht der Aufruf an Kreative in aller Welt: Gesucht ist Kunst, die man am Körper tragen kann. Monate später werden die besten Entwürfe in einer Zwei-Stunden-Show präsentiert. In einer Mischung aus Zirkus, Tanztheater und Modeschau brummen, tapsen und rasseln 150 Kreationen über Bühne und Laufsteg. Die Bildhauerin Suzie Moncrieff aus Nelson suchte 1986 nach einer Idee, um eine Vernissage in einer Kunstgalerie zu bewerben. Sie bat Freunde um fantasievolle Kostüme – Kunst sollte so, getragen von Menschen, von der Wand genommen und lebendig werden. Nelson, weltabgeschieden, grün und sonnig, erwies sich zunächst als durchaus fruchtbarer Boden für den Aufruf. Um weiter wachsen zu können, ist das Festival 2005 in die Hauptstadt Wellington in die TSB-Bank-Arena übergesiedelt, eine moderne Veranstaltungshalle an der Queens Wharf, inmitten eines restaurierten Hafenviertels im Zentrum der Stadt.

Beiträge für die Show kommen immer noch aus ganz Neuseeland, inzwischen aber auch aus Alaska, Dubai, Indien und Deutschland. Geblieben sind die demokratischen, absichtlich unelitären Grundsätze: Jeder kann mitmachen, wichtig dabei ist, dass die Kreation auf einer 40 Quadratmeter großen Bühne wirkt, detailreich und originell ist und für eine der sieben Kategorien taugt.

Das World of Wearable Art (WOW) & Classic Cars Museum zeigt allen, die zur Show nicht gehen können, die besten Kostüme der letzten Jahre. Zu dem 2001 neben dem Flughafen von Nelson eröffneten Museumskomplex gehört auch ein Oldtimermuseum, in dem man 50 klassische Limousinen und Motorräder bestaunen und fotografieren kann. Für die Museen bezahlt man 9 Euro Eintritt. Zum Komplex gehören auch eine Kunstgalerie, in der neuseeländische Maler der Gegenwart vorgestellt werden, ein Kunsthandwerksladen sowie ein Café.

World of Wearable Art & Collectable Cars, Quarantine Street,
Tel. (03) 547 4573, tgl. 10–17 Uhr.
www.wowcars.co.nz

Die Südinsel, größer und dünner besiedelt als die Nordinsel, überwältigt mit grandiosen Landschaftsbbildern. Ganz oben: An der Küste des Abel Tasman Nationalparks. Oben Mitte und oben: An der Westküste stehen 90 Prozent des Landes unter Naturschutz. Rechts: Über den Moeraki Boulders versinkt die Sonne im Meer.

Die Südinsel

Die Südinsel

21 Marlborough Sounds

Wo die Neuseeländer Urlaub machen

Die Wasserlandschaft der Marlborough Sounds liegt im Nordosten der Südinsel. Geologisch hat man es hier mit Sunden zu tun – Flusstäler, in die das Meer eingeströmt ist. Deshalb findet man hier zahlreiche Inseln und Buchten, Ufer fallen oft steil ab und Sandstrände sind selten. Menschen sind hier rar – selbst Häuser in traumhafter Lage werden oft nur den Sommer über bewohnt: Vielen Grundstücken fehlt Straßenanschluss, Post und Einkäufe werden per Boot zugestellt.

Oben: Fähren zwischen Nord- und Südinsel verkehren rund um die Uhr. Neben Passagiere können auch Lastwagen und Güterzüge geladen werden. Die Schiffe fahren von Wellington kommend durch den Queen Charlotte Sound und landen in Picton (rechts oben). Die stille Schönheit der Sounds wie etwa am Tennyson Inlet (rechts) lernt man so nicht kennen.

Viele Besucher werfen nur ein paar bewundernde Blicke auf die Marlborough Sounds: Die Fähre von der Nordinsel durchfährt einen Teil des Queen Charlotte Sound, ehe sie in Picton anlegt. Was heute so grün und blau und friedlich daliegt, hat eine lebendige, manchmal blutige Geschichte. Auf der Insel Aripawa wurden Matrosen getötet und aufgefressen, im Tory Channell machte die Familie Perano 100 Jahre lang Jagd auf Wale.

Das Gebiet der Marlborough Sounds steht heute als Maritime Park unter strengem Naturschutz – es gilt unter Seglern seit Kapitän Cook als paradiesisch: Der große Entdecker war fünfmal hier; bei Ship Cove hat er insgesamt 100 Tage verbracht – mehr als sonst wo in Neuseeland.

Zum Park gehören neben dem Queen Charlotte Sound auch Kenepuru sowie Pelorus Sound und, am westlichen Ende, French Pass. Diese Wasserstraße zwischen dem Festland und D'Urville Island ist an manchen Stellen nur 800 Meter breit und erinnert eher an einen wilden Fluss. Wasser strömt und dreht sich über Klippen zu Strudeln bei dem Versuch, die Tidenunterschiede zwischen Tasman und Admiralty Bay auszugleichen. French Pass, die Franzosenpassage, ist nach dem französischen Entdecker Dumont d'Urville benannt, der hier mit seiner Korvette *Astrolabe* 1827 nur mit knapper Not entkommen ist.

Niedliches Picton

Der Ausgangspunkt für alle Entdeckungsreisen in den Sounds ist Picton. Der Fährhafen am Queen Charlotte Sound ist ein Verkehrsknotenpunkt. Hier beginnt die Hauptstraße SH1, entlang der man der gesamten Ostküste der Südinsel folgen kann, und der Coastal Pacific, eine Bahnstrecke, die über den Wal-Ort Kaikoura nach Christchurch führt. Picton hat sich in den letzten Jah-

Marlborough Sounds

ren sehr zu seinem Vorteil verändert: Entlang der Hauptstraße findet man eine Vielzahl von Cafés und Läden, die oft gutes Kunsthandwerk anbieten. Museales Prunkstück ist die *Edwin Fox*: 1853 aus Teakholz gebaut, ist sie heute das letzte halbwegs erhaltene Schiff der Britischen Ostindiengesellschaft, die einst Häftlinge nach Australien, Soldaten in den Krimkrieg und Kolonisten nach Neuseeland transportierte. Man kann das Schiff betreten, seine Geschichte zeigt ein angeschlossenes Museum.
Im schön renovierten Hafenbecken liegen Privatjachten und Wassertaxen, die Urlauber und Einheimische bis zu den entlegensten Punkten der Sounds bringen. Wer sich für Neuseelands seltene, endemische Vögel interessiert, wird Motuara Island besuchen. Die Insel liegt dort, wo der Queen Charlotte Sound ins offene Meer übergeht. Die Naturschutzbehörde (DOC) hat hier alle Schädlinge ausgerottet. Zu den Bewohnern gehören neben Bellbird und Tui auch der kleine blaue Pinguin.

Das meistbesuchte Ziel ist Ship Cove. Rund um Cooks historischen Ankerplatz findet man die schönsten Wanderwege der Sounds, hier beginnt auch der Queen Charlotte Track (siehe »Wanderparadies Neuseeland«). Man folgt einem schmalen Höhenrücken zwischen zwei Sunden über 71 Kilometer bis an die Anakiwa Bay, unterwegs warten angenehme Hotels mit gepflegten Restaurants und Swimmingpools auf müde Wanderer.
Von Picton aus führt eine dramatisch schöne, gewundene Uferstraße, der Queen Charlotte Drive, durch malerische Buchten nach Havelock. Der verschlafene Ort am Ende des Pelorus Sound markiert den südlichsten Punkt der Marlborough Sounds. Hier wird das Meer intensiv für Aquakultur genutzt. Man züchtet pazifische Austern und erntet Jakobsmuscheln, hält Lachse in schwimmenden Gitterkäfigen und produziert jedes Jahr mehr als eine Milliarde der großen Greenlip-Muscheln an ins Meer gesenkten Tauen.

COOK STRAIT

Zwischen Nord- und Südinsel liegt eine manchmal wilde Wasserstraße. Hier bündeln sich die Winde der Roaring Forties wie in einem Windkanal gelegentlich zu Orkanstärke, die Wellen gehen zehn Meter hoch. Die gute Nachricht: Die großen komfortablen Fähren, die auch Wohnmobile, Lastwagen und Eisenbahnwaggons laden und rund um die Uhr verkehren, fahren dann nicht.

Die Cook Strait ist an ihrer schmalsten Stelle 20 Kilometer breit. Da die Inseln seitlich verschoben zueinander liegen, ist die Strecke zwischen den Häfen Picton und Wellington aber 100 Kilometer lang. An den meisten Tagen des Jahres ist die dreistündige Überfahrt ein Vergnügen. Nur ein Drittel der Zeit fährt man durch die Strait, je eine Stunde verbringt man im herrlichen Naturhafen von Wellington und, auf der Südinsel, in Tory Channel und im Queen Charlotte Sound.

INFORMATION UND BUCHUNG

www.interislander.co.nz

Die Südinsel

22 Nelson-Tasman-Region

Land des Lächelns

Der Nordwesten der Südinsel hat harte Zeiten hinter sich: In den Pioniertagen gab es Kämpfe mit Maoris, Flutkatastrophen und Missernten. Danach schwankte die Stimmung in der Agrarregion so erheblich wie die Lebensmittelpreise. Heute präsentiert sich der Bezirk als blühender Garten, in dem Kunsthandwerk, Gourmetrestaurants und Weingüter bunte Tupfer bieten. Drei Nationalparks und 2500 Sonnenstunden im Jahr locken Reisende und Immigranten gleichermaßen an.

Ganz oben: Angler im Nelson Lakes Nationalpark haben oft große Wasserflächen für sich allein. Oben: Das Herrenhaus Broadgreen im Ortsteil Stoke kann besichtigt werden. Rechts: Familie Lelun mit ihrem Wohnwagen. In Nelson liegt das Zentrum für alternatives Zusammenleben. Doch selbst die Kommunen geben sich gelassen und unmessianisch.

Der Anfang wurde früh gemacht: Die Stadt Nelson wurde 1841 von der Neuseeland Company gegründet und bekam bereits 1858 das Stadtrecht. Schwer zu erreichen, mit wenig flachem, leicht bebaubarem Land gesegnet und nie an das Eisenbahnnetz angeschlossen, ging die Entwicklung langsam voran. Auch deutsche Emigranten litten mit, vor allem im Moutere-Tal, westlich von Nelson. Ortsnamen wie Himmelsfeld oder Neudorf erinnern dort daran. Der Hafen von Nelson beherbergt die größte Fischereiflotte der südlichen Hemisphäre, und im steilen, bewaldeten Umland wird viel Forstwirtschaft betrieben. Die Äpfel von Nelson (Braeburn, Jazz) werden in alle Welt exportiert, der Hopfen landet in regionalen Boutiquebrauereien. Der Tabakanbau hingegen ist verschwunden, und auch in den Flüssen stehen keine Goldsucher mehr. Gutes Wetter und sanfte Landschaft haben in den letzten 30 Jahren nicht nur den Tourismus blühen lassen: Angelockt vom sonnigen Klima ließen sich hier Weinbauern aus Europa, Kunsthandwerker, Aussteiger und Alternative wie ein Schwarm bunter Vögel nieder. Schweden gründeten die Kunstglasbläserei Hoglund, der Österreicher Seifried den ersten Weingarten (und Heurigen) und der Däne Jens Hansen jene Juwelierwerkstatt, in der die Ringe für den »Herrn der Ringe« geschmiedet wurden.

Historische Stadtbilder

Die Gründerväter haben Nelson (44 000 Einwohner) nach dem englischen Seehelden und die Hauptstraße der Stadt nach seiner gewonnenen Schlacht – Trafalgar – benannt. Diese Hauptgeschäftsstraße endet an einem blumengeschmückten Hügel, auf dem die Kathedrale von Nelson steht. Hier beginnt der Rundgang durch die Geschichte des Städtchens. Tafeln erinnern an Pioniere, die im Kampf mit

Die Südinsel

Ganz oben: Bürgerstolz Issel House in Stoke. Oben: Räucherfisch vom Feinsten im Smokehouse, Mapua, an der Tasman Bay. Oben: Das Moutere Valley hat eine interessante deutsche Siedlungsgeschichte und produziert heute Wein und Beeren. In Nelson ist die Lust am guten Leben überall zu spüren – im Zentrum (oben halbrechts) wie am Hafen (rechts).

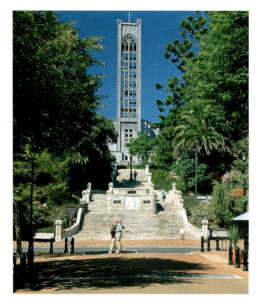

Maori umkamen. Beiderseits der Kathedrale erstreckt sich die Nile Street. In einer Seitengasse liegt die South Street, eine liebevoll renovierte Häuserzeile von Pionierhäuschen. An der Nile Street selbst findet man liebevoll renovierte Holzvillen, alte Schulgebäude und die School of Music. Hier finden oft Konzerte statt. Das Theater Royal ist das älteste Theater Neuseelands, es wird ab 2008 mit Staatsgeldern renoviert. In der Suter Gallery findet man sehr schöne Aquarelle aus frühen Pioniertagen. Auch den viktorianischen Park daneben, Queens Garden, sollte man nicht auslassen. Ein hübscher Fußweg, weit weg von Trubel und Verkehr, führt am Maitai-Fluss und alten Villen entlang. Man kann 20 Minuten oder zwei Stunden hier verbringen.

Herrenhäuser, Kommunen und Nobelpreisträger

Einige der schönsten Gebäude liegen außerhalb der Stadt. In Stoke findet man Broadgreen House. Das Herrenhaus, renoviert und antik eingerichtet, demonstriert den Bürgerstolz von vor 150 Jahren. In der Ortschaft Wakefield sollte man St. Johns besuchen, die idyllisch gelegene älteste Kirche der Südinsel (1846). Brightwater ist der Geburtsort von Nelsons berühmtestem Sohn: Ernest Rutherford, Sohn schottischer Einwanderer, war ein hochbegabter Wissenschaftler, Pionier der Theorie über den Atomaufbau und, 37-jährig, Nobelpreisträger für Chemie. Für seine Verdienste wurde er als Baron in den erblichen englischen Adelsstand erhoben. Lord Rutherford, der 1937 in Cambridge starb, ziert schnauzbärtig die neuseeländische 100-Dollar-Note.

Viele der mehr als 350 Künstler in der Umgebung von Nelson arbeiten, wo sie wohnen – eine Karte der Stadtinformation, der »Art Trail«, gibt Adressen und Beschreibungen der möglichen Stopps. Nett lässt sich diese Fahrt mit einem Besuch im Moutere Valley verbinden. Hier gibt es eine Reihe hübscher Weingärten, die Kostproben bieten. Das Weingut Neudorf hat viele Medaillen für seine Chardonnays und Pinot Noirs gewonnen.

Wer alternativen Lebensstil kennenlernen und dabei in einem schönen Garten gut essen will, muss das Riverside Café besuchen. Christliche Pazifisten gründeten die Riverside-Kommune 1941, um praktisch zu zeigen, dass Zusammenleben ohne Wettbewerb und Verdrängung möglich ist. Die Gründer haben recht behalten. Die Riverside-Kommune ist heute die älteste Neuseelands, produziert auf 208 Hektar Land Milch und Birnen für den Export und teilt alles Einkommen unter den Mitgliedern der Kommune je nach Familiengröße auf.

Nelson-Tasman-Region

Kleinkunst der Natur

Wer von Nelson und der Tasman Bay spricht, denkt an Kunst, Sonne und gutes Essen. Selbst Insider wissen oft nicht, welch schöne Naturlandschaften hier zu finden sind, wenn man die Hauptstraße verlässt. Östlich von Nelson gelangt man so an die Cable Bay, eine herrliche Bucht, die Kajaker meist für sich haben. Im Westen liegt Tahunanui, ein sanft abfallender Sandstrand im Cinemascope-Format.

Nördlich von Motueka weisen Schilder zur Riwaka Resurgence. Ein stilles Seitental führt zu einem verkarsteten Naturschutzgebiet. Hier tritt der Riwaka River, der lange unterirdisch geflossen ist, glasklar und eiskalt wieder an die Oberfläche.

Drei Gebirgsmassive stehen im Westen der Tasman Bay Wache. Der Mount Arthur, grün, wolkenverhangen, steil und praktisch nie besucht, belohnt die Anfahrt mit Märchenwald und einem Dorado sowohl für Wanderer als auch für Mountainbiker.

Der Nelson Lakes National Park liegt im Landesinneren, in dem sich die zwei schönen und fast völlig unberührten Seen Rotoroa und Rotoiti befinden, die von immergrünen Buchenwäldern umgeben sind. Zumindest einen halben Tag sollte man hier einen Uferstreifen entlangschlendern und sich der Stille und dem Vogelgesang widmen. Weitere Attraktionen sind Ausflüge auf einen der Seen per Ruderboot oder Kajak, herrliche Forellenwasser und im Winter der Besuch von zwei Skifeldern. Die einzige Ortschaft, St. Arnaud, hat 200 ständige Bewohner und bietet Möglichkeiten zur Übernachtung.

MAPLE GROVE COTTAGE

Das »Häuschen im Ahornwald« gehört zu den nettesten Urlaubswohnungen im Norden der Südinsel. Es liegt etwa 100 Meter abseits einer Nebenstraße im Moutere Valley. Die Besitzer George und Judy haben ihr großes Grundstück in einen Park mit Baumgruppen, Lavendelfeld und Teich verwandelt. Hierin befinden sich das Wohnhaus der Besitzer sowie zwei Cottages, kleine Häuschen mit Schlaf- und Wohnzimmer, Küche und Bad, eines mit Badewanne unter Sternenhimmel. Wer möchte, kann täglich Festtagsfrühstück bekommen. Preis: etwa 100 Euro für zwei Personen.
Maple Grove Cottages, 72 Flaxmore Road, RD2 Upper Moutere, Nelson, Tel. 03 543 2267, *george1judy@xtra.co.nz*, *www.maplegrove.co.nz*

WEITERE INFORMATIONEN ZU NELSON, STOKE UND UMGEBUNG

Theter Royal, Rutherford Street, Tel. (03) 548 3840
Suter Gallery, Bridge Street, Eintritt erforderlich, Tel. (03) 548 4699, *www.thesuter.org.nz*
Broadgreen House, Nayland Road, Stoke, Tel. (03) 547 0403, Eintritt erforderlich.
Riverside-Kommune und Café: Inland Moutere Highway, Tel. (03) 526 7447, *www.riverside-café.co.nz*

Die Südinsel

23 Golden Bay

Naturparadies zwischen zwei Nationalparks

Die Golden Bay bildet das ergreifend schöne Nordwestende der Südinsel. Ihre breit geschwungene Küstenlinie, flankiert von zwei Nationalparks, bietet grünen Regenwald, saftige Weiden und goldfarbene Strände aus zermahlenem Granit, die der Bucht den Namen gegeben haben. Kaum 4000 Menschen wohnen in diesem 50 Kilometer weiten Paradies, ein Viertel davon sind deutsche Einwanderer der letzten 20 Jahre.

Ganz oben: Farewell Spit ist eine enorme Sandburg, die das Meer gebaut hat. Oft rückt hier die Naturschutzbehörde an, um gestrandete Wale wieder flottzumachen. Oben: Das Wholemeal Café in Takaka verwendet nur Vollkornmehl. Rechts: Am Cape Farewell endet die liebliche Küstenlandschaft abrupt. Südlich liegen die wilden Strände der Westküste.

Die weite Bucht ist historisch interessant – hier kam es 1642 zum ersten Kontakt zwischen Weißen und Maori. Als der Holländer Abel Tasman vor dem Ufer ankerte und ein Beiboot aussetzte, wurde es von Maori angegriffen, die sechs Matrosen töteten. Alarmiert ließ Tasman Anker lichten, nannte den Platz Mörderbucht und segelte davon, ohne auch nur einen Fuß an Land gesetzt zu haben.

Der Weg zur Golden Bay ist beschwerlich und von einem natürlichen Hindernis blockiert. Takaka Hill, ein Berg aus Marmor, dessen Stein man in den Parlamentsgebäuden in Wellington findet, ist zwar nur 791 Meter hoch, hat aber einen breiten zerklüfteten Rücken, der die Straße auf 25 Kilometer streckt und mit so vielen Kurven ausgestattet ist wie ein Jahr Tage hat. Die Tour ist mit »frisch gefütterten« Kindern oder mit Campinganhängern nicht zu empfehlen. An ihrem Scheitelpunkt geht die Canaan Road rechts ab und endet in einem Parkplatz. Von hier aus erreicht man nach einem halbstündigen Fußmarsch durch malerische, trockene Bachbetten Harwoods Hole, ein 183 Meter tiefes Karstloch. Auch dies ist kein Platz für Kinder – die Schlucht ist nicht gesichert.

Das klarste Wasser der Welt

Der zentrale Ort der Golden Bay ist Takaka. Auf seiner Hauptstraße Commercial Street kann man von März bis Dezember ein Picknick veranstalten, in der Hauptreisezeit ab Weihnachten findet man keinen Parkplatz. Zu dieser Zeit ist die Golden Bay das Urlaubsquartier der Neuseeländer. Tausende Familien kommen jedes Jahr, um hier in Ferienhäusern oder auf Campingplätzen die Sommerferien zu verbringen. Viele sind Stammgäste und buchen vor der Abreise bereits fürs nächste Jahr.

Östlich von Takaka konzentriert sich das Interesse auf die Badestrände von Poha-

Die Südinsel

ra und Tata Beach. Im Westen liegen Patons Rock und die alte Ortschaft Collingwood.

Die Pupu Springs gehören zu den mächtigen Quellen der Erde. 1993 haben Wissenschaftler gemeldet, dass sie das klarste Wasser der Welt hervorbringen – die Sichtweite unter Wasser beträgt 62 Meter. Ein netter Weg entlang der Becken und Bäche erschließt das Naturschutzgebiet. Nahebei führt der Goldfields Track erst 20 Minuten bergauf und folgt dann einem in den Berghang gebauten Kanal. So haben seinerzeit Goldsucher Wasser gesammelt, um es für ihre Sluice guns zu nutzen. Sluice guns sind Wasserkanonen, die mit mechanischem Wasserdruck goldhaltiges Gestein aus dem Abhang herausschießen.

Schnepfen, Wale und wilde Kinder

Die Golden Bay hat die Form einer Sichel, sie endet in einer schmalen, 35 Kilometer lang gestreckten Sanddüne, dem Farewell Spit. Die Maori sagen, hier verlassen die Seelen der Toten festes Land, um sich auf den Heimweg zur sagenumwobenen Insel Hawaiki zu machen. Manche hören hier Stimmen von Geistern – zwei Stämme der Maori haben sich hier schwere Kämpfe geliefert. Oft stranden Pilotwale um den Farewell Spit – manchmal in Gruppen von hundert und mehr. Dann rückt fast die gesamte ortsansässige Bevölkerung aus, um die Meeressäuger wieder flottzumachen.

Jedes Jahr ist der Spit auch Ziel des einzigen Massentourismus. Etwa 50 000 Watvögel landen hier zwischen September und April auf ihren Migrationsrouten – Schnepfen fliegen von hier bis nach Alaska. Insgesamt sind mehr als 100 Vogelarten beobachtet worden, manche in riesigen Schwärmen, die vor allem in den Marschen der Südseite kleine Krabben, Muscheln und Fische jagen. Kein Wunder also, dass Farewell Spit besser geschützt ist als jeder Nationalpark. Nur im Rahmen einer der wenigen organisierten Touren kann man das Gebiet betreten.

Westlich von Farewell Spit gibt es nur noch Schotterstraßen, vom Wind krumm und flach gehobelte Vegetation und landschaftliche Kleinodien. Wer hier entlangrumpelt, erreicht Ecken, die kaum je ein Tourist zu sehen bekommt: Wharariki Beach, nur über Schotterstraßen und einen halbstündigen Fußmarsch zu erreichen, ist sicher einer der schönsten Strände in Neuseeland. Whanganui Inlet wiederum erweist sich als ein riesiger, tidenabhängiger Naturhafen, und Patarau ist der wahrscheinlich wildeste Campingplatz des Landes – für Hartgesottene. Man begegnet Kindern, die mit Kleinkalibergewehren Jagd auf Kaninchen oder Opossums machen oder eine Gabel auf einen Besenstiel binden, um Aale zu stechen.

Zwei Nationalparks, grundverschieden

Der kleine Abel Tasman National Park besetzt einen grünen Zipfel Land, der Nelson und die Tasman Bay von der Golden Bay im Westen trennt. Versehen mit einigen der schönsten Strände und Lagunen, sanft gewellt, so gut wie straßenlos und leicht zugänglich, ist er in den letzten zehn Jahren enorm populär geworden. Man kann seine schönsten

Golden Bay bietet drei Arten von Strandleben: Den Wharariki Beach (ganz oben), Idealkulisse für Sturmspaziergänge und Pferdegalopp, erreicht man nur nach halbstündiger Wanderung. Zur Tonga Bay im Abel Tasman Nationalpark (rechts) bringen einen Motorboote. In Kaiteriteri (Mitte oben) geht man vom Campingplatz über die Straße.

Golden Bay

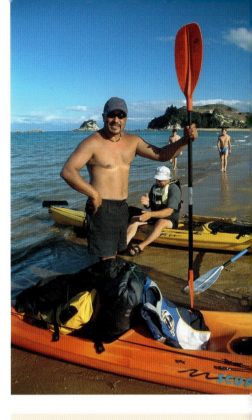

Punkte in etwa vier Tagen ansehen, entweder zu Fuß oder per Kajak, was es ermöglicht, Lagunen und rückgestaute Bäche zu erforschen. Zelten an den Stränden ist erlaubt; man darf allerdings nicht länger als 48 Stunden an einem Ort bleiben.

Viele Urlauber kommen zu Tagesausflügen hierher. Sie lassen sich von Wassertaxis im Herz des Parkes absetzen, wandern einen Tag und werden anderswo wieder abgeholt. Besonders schön ist die Strecke zwischen Bark Bay und Torrent Bay.

Die meisten Besucher nehmen Quartier in Kaiteriteri, Marahau oder Motueka, dem regionalen Zentrum. Die einzige Straße direkt in den Park schlägt einen großen Haken und führt über Takaka Hill und durch die Golden Bay, zuletzt über eine Schotterstraße nach Totaranui. Dort gibt es nur ein Quartier, einen schönen Campingplatz der Naturschutzbehörde DOC. Er ist zur Hauptreisezeit ausgebucht.

Südlich der Golden Bay liegt der Kahurangi National Park, was man mit »Falke am Himmel« übersetzen kann. Er ist gewaltig groß, mit 452 000 Hektar der zweitgrößte des Landes (Fiordland National Park im Südwesten ist der mit Abstand größte) und sehr viel weniger besucht als andere. Am bekanntesten ist der Heaphy Track (siehe Wanderparadies Neuseeland), der die Golden Bay mit der Westküste verbindet. Wer die Tour von der Golden Bay aus beginnen will, folgt einer Straße durch das malerische Aorere-Tal. Im winzigen Weiler Bainham steht ein Gemischtwarenladen, der vor 50 Jahren auch nicht anders ausgesehen hat. Wer Zeit für ein Schwätzchen hat, braucht keinen Reiseführer mehr zu kaufen – und lernt, wie man seinen Salat ohne Gifte vor Nacktschnecken schützen kann.

AWAROA LODGE

Das Ökoluxusquartier kann mit Traumlage aufwarten: Die breite Awaroa Bay liegt ohne Straßenzugang im Zentrum des Abel Tasman National Park und lädt zu Badeferien, Wanderungen und Kajaktouren ein. Gäste werden in Nelson oder Kaiteriteri mit dem Boot abgeholt, Leute aus Wellington fliegen oft per Kleinflugzeug oder Hubschrauber ein. Die Lodge hat zwei schöne moderne Zimmerkategorien, eine Küche mit angeschlossenem Kräutergarten und ein gutes, legeres Restaurant. Preis pro Zimmer, je nach Ausstattung und Saison: 125 bis 220 Euro.
Awaroa Lodge, Awaroa Bay, Abel Tasman National Park, PO Box 163, Takaka 7172, Tel. (03) 528 8758,
www.awaroalodge.co.nz

Awaroa Inlet, Abel Tasman National Park. In der Traumbucht hat der Park unüblich viel Infrastruktur: Eine kleine feine Lodge lockt mit weichen Betten, organischem Kräutergarten und Restaurant, nette Übernachtungshütten der Naturschutzbehörde bedienen Wanderer. Die meisten Besucher kommen zu Fuß oder per Boot, Hauptstädter benutzen schon mal die Landungspiste (rechts im Bild).

Die Südinsel

Die Teefarbe des Wassers an der Westküste rührt von Farbstoffen in den Blättern der umliegenden Bäume und Sträucher her.

Im Freiluftmuseum Shantytown ist alles alt und original.

24 Karamea

Westküstenromantik pur

Die winzige Siedlung gehört selbst unter Neuseeländern zu den Geheimtipps. Sie liegt am Ende einer Stichstraße, die von Westport 96 Kilometer nach Norden reicht.

Karamea ist das schönste Tor zum 452 000 Hektar großen Kahurangi National Park. Da man hier in den letzten Jahren ordentliche Unterkünfte gebaut und viel Geld in bessere Wanderwege investiert hat, sollten Naturliebhaber Zeit für zwei, drei Tage Programm einplanen: am Kohaihai-Fluss beginnt die wunderschöne Küstensektion des HeaphyTrack (siehe »Wanderparadies Neuseeland«). Im Oparara-Becken liegen außergewöhnlich schöne Kurzwanderwege und die faszinierenden Honeycombe Caves (Bienenwabenhöhlen). Wer die Nerven und Vorkenntnisse hat, kann es mit dem Grad-5-Wildwasser des Karamea River aufnehmen.

MOTEL-EMPFEHLUNG: Karamea River Motels, Bridge Street, Karamea, Tel. (03) 782 6955, www.karameamotels.co.nz. Die Räume sind groß und gemütlich, Preis für zwei Personen: 70 Euro.

25 Shantytown

Goldene Geschichte

Frühe Reisende haben von der Westküste der Südinsel keinen guten Eindruck gewonnen – sie sahen ein wildes, düsteres Land, durchnässt von massiven Regenfällen.

Nur ein ganz besonderer Stoff konnte diese unwirtliche Küste zum Ziel von Kolonisten machen – Gold. »Shantytown«, südlich von Greymouth gelegen, zeigt eine liebevoll zusammengestellte Sammlung von Originalgebäuden aus der Zeit des Goldrausches. Alle Gebäude sind bis ins Detail originalgetreu eingerichtet – die Bank mit der Goldwaage und den Steckbriefen polizeilich gesuchter Räuber ebenso wie der Krämerladen und das – furchterregende – Krankenhaus samt eiserner Lunge.

Eine malerische Buscheisenbahn dampft im Stundentakt zu einem Platz, an dem Experten zeigen, wie man mit einer Blechschüssel Gold waschen kann. Jede Schüssel enthält ein paar Blättchen Gold, die man als Souvenir mitnehmen kann.

Shantytown, State Highway 6, Tel. 3 762 6634, www.shantytown.co.nz, Eintritt 13 Euro pro Person.

Hokitika

26 Hokitika

Gold, Jade und wilde Bissen

Hokitika entstand 1864 im Zuge des Goldrauschs an der Westküste. Binnen Jahresfrist verschlug es 20 000 Glücksritter hierher. Heute hat das Städtchen knapp 3300 Einwohner. Sie erwarten Touristen in vielen zum Teil guten Souvenirläden, die Jade und Gold – meist aus den nahen Flüssen Arahura und Taramakau – anbieten.

In der Umgebung von Hokitika findet man den Lake Kaniere (18 km), Ort der ersten großen Goldfunde, und die Dorothy Falls (25 km); die Abzweigung nach Kowhitirangi führt zum Naturschutzgebiet Hokitika River Gorge. Hier fließt der Hokitika River durch eine Schlucht, umstanden von bemoosten Granitfelsen und Baumriesen. Einige der mächtigen Rimus sind an die 40 Meter hoch und 500 Jahre alt, das Wasser leuchtet unwirklich azurfarben.

Festival-Empfehlung: Jedes Jahr im März zieht das Wild Foods Festival – Fest der wilden Bissen – mit Appetithappen wie gerösteten Maden und Wespenlarveneiscreme sowie Musik und Tanz 15 000 Besucher an. Auskunft und Buchung: Westland District Council, Events Department, Tel. (03) 756 9048, *www.wildfoods.co.nz*

Hokitika am gleichnamigen Fluss ist eine Teepause jeder Westküstentour. Im Hinterland lockt das Naturwunder Hokitika Gorge.

27 Die Lagune von Okarito

Dichter und andere seltene Vögel

Etwa eine halbe Stunde nördlich des Westland National Parks weist eine Abzweigung an die Lagune von Okarito. Sie ist für drei Einwohner berühmt: Keri Hulme gehört zu den berühmten Schriftstellerinnen in Neuseeland. Ihr Hauptwerk »The Bone People« hat den Buchpreis gewonnen und ist unter dem Titel »Unter dem Tagmond« auf Deutsch erschienen. Die Dichterin, selbst eine Mischung aus schottischen und englischen Vorfahren väterlicherseits und solchen von Südinsel-Maori vom Stamm der Ngai Tahu mütterlicherseits behandelt darin das schwierige Zusammenleben verschiedener Kulturen.

In Okarito residiert auch eine sehr seltene, nach der Lagune benannte Unterart des Nationalvogels, der Okarito-Kiwi. Dieser Laufvogel ist mittlerweile akut vom Aussterben bedroht. Außerdem nisten hier 250 weiße Reiher. Da es ihr einziger Nistplatz in Neuseeland ist, werden eine Reihe von Touren zur Vogelbeobachtung angeboten. Okarito Nature Tours (Tel. (03) 573 4014, *www.okarito.co.nz*) nähert sich den scheuen Vögeln still per Kajak.

Die Naturpfade der Okarito Lagoon liegen 15 Kilometer abseits der Hauptstraße.

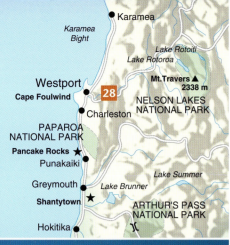

Der Paparoa Nationalpark liegt im Norden der Westküste, seine Hauptattraktion ist das Naturwunder der Pancake Rocks (ganz oben) neben dem Punakaiki River (oben). Rechts: Der Cabbagetree (Kohlbaum) erinnert an Yuccapalmen. Hungrige Matrosen kochten einst die Wurzeln des Baumes und fanden, sie schmeckten ähnlich wie Kohl.

Die Südinsel

28 Westküste

Tropfnasses Naturwunder

Die Westküste der Südinsel ist rau und wild, oft regnet es in Strömen. Doch 30 000 Einheimische und 500 000 Besucher rechnen den schmalen, 500 Kilometer langen Streifen zwischen Tasman-See und Südalpen zu den schönsten Küstenlandschaften der Welt. Kristallisationspunkt aller Vorzüge ist der Paparoa National Park, wo die berühmten Pfannkuchenfelsen von Punakaiki liegen.

Die meisten Neuseeländer nennen die Westküste der Südinsel einfach »The Coast«, die Küste – darin schwingt das Gefühl mit, es mit einem Prototyp, einem Original zu tun zu haben. Und das ist sie allemal: Innerhalb von knapp 20 Kilometern fällt das Land vom Alpenhauptkamm und seinen Dreitausendern zu einer wilden Küstenlandschaft ab, im Norden karstig und mit Palmen bewachsen, im Süden geprägt von unberührten Buchenwäldern und norwegisch anmutenden Fjorden.

Küste der Unwirtlichkeit

Das Land war lange menschenleer. Maori kamen nur, um Jade aus dem Arahura-Fluss zu bergen. Auch Weiße schienen wenig angezogen. Abel Tasman, der hier Neuseeland zum ersten Mal sah, plagte sich so sehr mit Wind und Wellen, dass er den ersten Landvorsprung »Cape Foulwind« – »Kap der widrigen Winde« – nannte und keine Landung versuchte. James Cook sprach von einer »Küste der Unwirtlichkeit«.

»Ein gottverlassener Landstrich unter düsterem Himmel und undurchdringliche Wälder«, so charakterisierte 50 Jahre später der Offizier einer französischen Expedition dieses Land.

Thomas Brunner, der Engländer mit dem deutschen Namen, war der erste Weiße, der die Küste gründlich erforschte. Seine epische Reise, die 1846 begann und 550 Tage später endete, war wenig geeignet, den Ruf der Gegend zu verbessern. »Die schlimmste Ecke, die ich in Neuseeland gesehen habe«, sagte Brunner, der unterwegs sogar seinen treuen Hund verkochen musste, um nicht zu verhungern.

Goldrausch am Greenstone Creek

Als am Greenstone Creek, einem Zufluss des Taramakau River, 1864 Gold gefunden wurde, war über Nacht alles anders geworden. Binnen fünf Jahren lebten 40 000 Menschen hier.

Die Sitten waren rau: Prügeleien bildeten das übliche Samstagabendvergnügen der Goldgräber, manchmal getarnt

Die Südinsel

Ganz oben: Bis zu sechs Meter Regen im Jahr überzieht Bäume an der Küste mit Moos. Oben: Die Nikaupalme wächst nirgendwo auf der Welt weiter im Süden als an der Westküste – möglich macht dies eine warme Meeresströmung. Polynesier haben sie ni kau – keine Nuss – genannt, wei sie, anders als die Kokospalmen der Südsee, keine Nüsse trägt.

als »Religionskriege« zwischen irischen Katholiken und ihren protestantischen Gegnern. Man war jung und eigenwillig, hatte Geld wie Heu und zeigte ausgeprägten Hang zum Alkohol. Es gab Männer, die ihre Zigaretten mit Geldscheinen anzündeten, aber wenn sich Frauen gegenseitig mit Gin überschütteten, wurden sie wegen Verschwendung bestraft.

Das alles ist lang vorbei, aber die Legende lebt. Auch heute stehen die Küstenbewohner im Ruf, markig, unabhängig, leicht aufbrausend und gastfreundlich zu sein. Man hat sich hier jahrelang ungestraft über die Alkoholgesetze hinweg gesetzt.

Eine Zeitlang waren Naturschützer der Hauptfeind gestandener Küstenbewohner. Sie forderten, dass die Rimuwälder an der Westküste auch außerhalb der fünf Nationalparks unter Schutz gestellt werden. »Coasters«, die neben der Viehzucht Geld im Kohlebergbau und in Sägewerken verdienten, wollten sich diese Verdienstquelle nicht nehmen lassen. Doch inzwischen haben sich die Wogen geglättet. Als eine Art Abschlagszahlung für den Verzicht auf weiteres Abholzen bekam der ganze Landstrich 100 Millionen Dollar für einen Regionalentwicklungsfonds von der Zentralregierung. Nun geht der Streit darum, was mit dem Geld geschehen soll.

Es regnet hier häufig und heftig. Der beständige Westwind bringt Regenwolken von der Tasman-See, die ihre Schleusen öffnen, ehe sie die Barriere der Alpen übersteigen. 144 Regentage im Jahr bescheren etwa dem Städtchen Hokitika 3000 Millimeter Niederschlag – gut viermal mehr als in Europa. Weiter im Süden fallen bis zu sieben Meter Regen im Jahr.

Küstenbewohner stört die Dauerdusche nicht, sie finden den Regen weich, warm und schön. Und wirklich: Wenn man während eines typischen Platzregens unterwegs ist, erlebt man die unberührten Wälder in ihrer vollen Pracht. Urplötzlich schießen Sturzbäche von den nebelverhüllten Gipfeln, die Farnwedel biegen sich unter der Last des Regens. Dann bricht die Sonne durch, die Wassertropfen funkeln und Vögel singen in der reinsten Luft der Welt ihr Herz entzwei.

Eine Schlange gibt es in jedem Paradies. An der Westküste heißt sie »sandfly«. Die kleine Kriebelmücke versetzt Wanderern Stiche, die elend jucken und lange nicht heilen wollen. Vorbeugen ist Pflicht: die beste Gegenwaffe heißt »Aerogard« und wird in jedem Supermarkt verkauft.

Der Paparoa National Park

Wer sich zum ersten Mal in diesem Nationalpark im Nordwesten der Südinsel aufhält, wird die Pancake Rocks besuchen. Diese sogenannten Pfannkuchenfelsen liegen direkt am Meer, umstanden von Nikaupalmen. Es handelt sich um Kalksteinformationen, die wie gestapelte Omeletts aussehen. Wie dieses Naturwunder entstehen konnte, ist nur teilweise geklärt. Man weiß, dass Mutter Natur auf dem Meeresboden dünne Schichten von Kalkstein und Sandstein übereinandergelegt hat. Seit dieses geologische Ildefonso über dem Meeresspiegel liegt, sind die unterschiedlich harten Gesteinsschichten der Erosion ausgesetzt. Der weichere Sand-

Westküste

stein ist heute stärker verwittert, und so sind die Schichten deutlich erkennbar. Warum die Natur aber ausgerechnet hier zehn Zentimeter dünne Gesteinsschichten produziert hat, ist ein Rätsel. Da die Attraktion mehr als 350 000 Besucher pro Jahr anzieht, hat die Naturschutzbehörde DOC um die Felsen einen sehr schönen Rundweg angelegt und ein Informationszentrum errichtet (freier Eintritt). Am eindrucksvollsten sind die Pancake Rocks bei lebhaftem Westwind und dem Höhepunkt der Flut. Da schlagen meterhohe Wellen gegen die Felsen. Interessant sind dann auch »blow-holes« – »Kamine im Gestein«, durch die Wasser mit großem Druck in die Luft geschleudert wird. Das erinnert an das Atmen eines Wals – daher auch der englische Name.

Viele Besucher halten nur eine Stunde zum Fototermin und fahren gleich weiter. Sie versäumen viel. Im Umfeld der Pfannkuchenfelsen findet man einen herrlichen Kurzwanderweg (Truman Track); auf dem Pororari-Fluss kann man durch eine malerische Schlucht paddeln, weil das Meer die Strömung im Unterlauf aufhebt.

Nördlich der Pfannkuchenfelsen liegt ein zweiter, kaum besuchter Teil des Paparoa National Park. Bei Charleston, dem früher blühenden Zentrum des Bezirks, mündet der Nile River mit einer malerischen Lagune im Meer – ein hufeisenförmiger Strand bietet eine der wenigen sicheren Badestellen an der Westküste. Nahebei liegt Mitchells Gully Gold Mine. Die Mine bietet eine der besten Gelegenheiten, Goldsucherarbeit kennenzulernen. Auf den Terrassen haben seit 1866 fünf Generationen einer Familie geschürft. Sie zeigen an Originalmaschinen, was zu ihrem Handwerk gehört. Das Tal des Nile River selbst ist über eine Schotterstraße zu erreichen und atemberaubend schön. Umstanden von 50 Meter hohen Kalksteinklippen findet man hier mächtige Urwaldbäume wie die dunkelrot blühende Rata.

ABENTEUER IN DER BULLER-SCHLUCHT

Der Buller-Fluss entspringt im Nelson Lakes National Park und arbeitet sich, begleitet von einer 169 Kilometer langen Straße, durch steile Felsformationen und unberührten Regenwald, bis er bei Westport die Küste erreicht. Die herrliche Flusslandschaft steckt voller Geschichten: von der Mühsal der ersten Pioniere, Erdrutschen und Überschwemmungen, Goldrausch und Kohlebergbau. Heute wird hier Sport betrieben. Man kann eine zünftige Wildwassertour mitmachen oder Jetboot fahren. Außerdem dient der Fluss als Forellenwasser. Im Umland findet man Gelegenheiten für Ausritte. Buller Adventure Tours arrangiert all das seit 20 Jahren. **Buller Gorge**, SH6, Westport, Tel. (03) 789 7286, www.adventuretours.co.nz

Frühaufsteher aus aller Welt genießen diesen Blick am Lake Matheson bei der Ortschaft Fox. Dämmerlicht spielt auf den Gipfeln der vergletscherten Dreitausender der Southern Alps. Den Maoris galten die verschneiten Gipfel als Symbol für die heiligen Häupter weißhaariger Stammesältesten. Es war ihnen verboten, diese Gipfel zu betreten.

Die Südinsel

29 Westland National Park

Gletscher im Regenwald

Der Westland National Park schützt auf 127 541 Hektar Fläche eine der schönsten Landschaften Neuseelands und zieht jedes Jahr 350 000 Menschen an. Vor dem Hintergrund der höchsten Berge Neuseelands (Mount Cook und Mount Tasman) fließen zwei blau-weiße Gletscherzungen durch tiefgrünen Regenwald bis auf 300 Meter Seehöhe.

Oben: Treibholzskulpturen und spektakuläre Sonnenuntergänge gehören zu den Spezialitäten der Westküste. Rechts: Den massiven Eisbändern der Gletscher Fox und Franz Josef sollte man sich nur mit Führer nähern (ganz oben und rechts): Zwei Urlauber, die über Absperrungen kletterten, wurden 2009 von herabstürzenden Eisbrocken getötet.

Der Westland National Park hat zwei Hauptgletscher. Ihre Namen sind eigentümlich: Einer heißt Franz Josef und wurde vom Geologen Julius von Haast nach dem Sponsor seiner Expedition, dem damaligen österreichischen Kaiser, benannt; Fox war vor 125 Jahren ein neuseeländischer Premierminister. Im Allgemeinen sind Gletscher in Neuseeland, wie überall auf der Welt, auch auf dem Rückzug. Die Nationale Wetterwarte Niwa hat in einer 2007 veröffentlichten Studie festgestellt, dass die Gletscher der Südalpen in den letzten 30 Jahren elf Prozent ihrer Masse verloren haben. Das sind 5,8 Kubikkilometer oder, besser ausgedrückt, 5800 Millionen Tonnen Eis.
Die Gletscher Franz Josef und Fox schrumpfen nicht mit. Der Grund: Beide Gletscher hängen eher von Niederschlägen als von der Lufttemperatur ab – und Letztere sind in Westland enorm. In den Niederungen fallen sechs Meter Regen (fast zehnmal mehr als in Mitteleuropa), auf den Berghöhen schneit es noch deutlich mehr. Diese Sintfluten sorgen dafür, dass die steilen, schnell fließenden Gletscher auf den Berghöhen so schnell nachgebildet werden, wie sie im Tal abschmelzen. Steigen die Regenfälle, wie das in den 1980er und 1990er Jahren der Fall war, wachsen die Gletscher – bis zu einem Meter pro Tag. Die kurzfristigen Schwankungen sind beachtlich. Der Franz-Josef-Gletscher hat in fünf Jahren bis 2005 insgesamt 400 Meter verloren und ist seither wieder um 170 Meter gewachsen.
In jedem Fall sorgen Sommertemperaturen um 25 °C am Gletschertor für spektakuläre Ausblicke: Tonnenschwere Brocken brechen vom Gletscherrand ab und landen in einem wilden, reißenden Gletscherstrom.

Ein Urlaubsort namens Franz

Hundert Jahre Gletschertourismus hat rund um Franz Josef und Fox kleine, gleichnamige Urlaubsorte wachsen lassen. Zwischen den Dörfern, die rund 30 Minuten Fahrzeit voneinander ent-

Westland National Park

fernt liegen, bestehen einige kleine Unterschiede.

Fox hat die schönere Landschaft. Frühaufsteher sollten etwa an den Lake Matheson fahren und um den See gehen; in ihm spiegeln sich die Dreitausender der Südalpen. Der Spazierweg Minnehaha am Ortsausgang bietet Märchenwald an der Hauptstraße. Die Fahrt über 20 Kilometer zu Gillespies Beach belohnt mit Meer- und Alpenblicken. Franz Josef bietet das bessere Informationszentrum und eine größere Auswahl an Restaurants und Unterkünften. Da Letztere zur Hauptsaison knapp sind, sollte man hier vorbuchen.

Zu beiden Gletschern führen Schotterstraßen. Der Weg vom jeweiligen Parkplatz zum Gletschertor ist in beiden Fällen leicht und mit festen Schuhen in einer Stunde zu bewältigen. Vorsicht bitte: Der schnelle Gletscherfluss macht die Zone um den Gletscher instabil. Am Franz-Josef-Gletscher ist auch der Fluss Waiho berühmt für plötzliche Fluten und Unterspülungen. Absperrungen sollte man deshalb unbedingt beachten. Wer auf das Eis will, sollte sich führen lassen. Die Angebote reichen von zahmen Halbtageswanderungen bis zu wilden Eisklettertouren. Für Neulinge auf dem Gletschereis empfiehlt sich der Helihike. Man befestigt scharfe Stahlzacken an Wanderschuhen und wird per Hubschrauber auf dem Gletscher abgesetzt. Dort bringt einem ein Profi erst das Gehen auf dem Eis bei und dann geht's auf Tour.

In Fox wendet man sich an Alpine Guides und in Franz Josef an Glacier Guides. Ehe man Franz Josef erreicht, weisen Schilder zu einem Abenteuerpfad namens Copland Track. Dahinter verbirgt sich eine Alpenüberquerung. Man sollte sie ohne Führer nicht versuchen. Wer den Copland-Pass erfolgreich absolviert, findet sich zu Füßen des Mount Cook wieder.

GLETSCHERFLUG

Mehrere Hubschrauberunternehmen fliegen auf und über die Gletscher des Nationalparks. Oft ist frühmorgens und abends die Sicht am besten. Jeder Flug kann von Franz Josef oder Fox begonnen werden und beinhaltet eine Gletscherlandung. Dafür sind warme Jacken, Sonnenbrille und gute Schuhe erforderlich. Der teuerste Flug (etwa 180 Euro) dauert 40 Minuten, bietet zwei Gletscher und das Hochalpenpanorama. Wegen des wechselhaften Wetters müssen die Touren leider oft abgesagt werden. Deshalb gilt: Melden Sie sich früh an. Die Unternehmen sind fair: Bezahlt wird erst kurz vor dem Einstieg. Wird der Flug verkürzt, erhält man einen Teil des Geldes zurück. In den Hubschraubern müssen hinten ein oder zwei Personen innen sitzen. Wegen der größeren Glasflächen ist die Sicht dennoch gut. Bei Zwischenlandungen wird zwischen Innen- und Außensitzen gewechselt.
The Helicopter Line, Tel. (03) 752 0767, www.helicopter.co.nz

WEITERE INFORMATIONEN

Halbtageswanderungen und Eisklettertouren vermittelt in Fox: Alpine Guides, Tel. (03) 751 0825, www.foxguides.co.nz, in Franz Josef: Glacier Guides, Tel. (03) 752 0763, www.franzjosefglacier.co.nz

Rechts: Gipfel des Mt. Aspiring. Oben: Der Ferienort Wanaka am gleichnamigen See gehört zu den schönsten und geruhsamsten Plätzchen auf der Südinsel. Auch deshalb haben sich hier viele wohlhabende Neuseeländer oft luxuriöse Ferienhäuser gebaut. Die Amerikanische Folksängerin Shania Twain hat sich gar einen Herrensitz gekauft.

Die Südinsel

30 Mount Aspiring National Park

Am neuseeländischen Matterhorn

Mount Aspiring ist der einzige Dreitausender außerhalb des Mount-Cook-Massivs; die Hauptstraße ist eine der schönsten Alpenstrecken der Welt und das Tor zum Park, der Urlaubsort Wanaka präsentiert sich gepflegt und wohlhabend. Und dennoch bekommen nur wenige einen Eindruck von der Schönheit des Gebietes, weil andere bekanntere Ziele in der Umgebung locken.

Der Mount Aspiring National Park ist Teil eines Blocks, der den gesamten Südwesten der Südinsel einnimmt und Te Wahi Pounamu heißt – Jadeland. Mit dazu gehören Mount Cook, Westland und Fjordland National Parks. Mount Aspiring ist wie eine gefilterte Essenz: Alles, was die Südalpen ausmacht – grandiose Berglandschaften, Stille, Einsamkeit und tosende Wildbäche –, bietet er konzentriert und in Fülle. Was ihm zu fehlen scheint, sind leichte Tagestouren, und so bleiben die Besucher aus. Sie versäumen viel.

Der einfachste Zugang in das Gebiet führt über den Haast-Pass – die Strecke verbindet die Westküste der Südinsel mit den Gletscherseen Zentralotagos. Die Alpenstraße wurde 1965 fertig und ist seit den 1990er Jahren zur Gänze asphaltiert.

Wer aus Otago kommt, fährt zunächst entlang der ebenso einsamen wie schönen Gletscherseen Wanaka und Hawea und tritt bei Makarora in den Mount Aspiring National Park ein – bei gutem Wetter ist der Dreitausender, das neuseeländische Matterhorn, links von der Straße zu sehen. Der Alpenübergang selbst ist sanft – der Pass liegt nur 563 Meter über dem Meeresspiegel. Wer Zeit hat, steigt für angenehme Kurzwanderungen (ausgeschildert) an den Blue Pools, Gates of Haast und Thunder Creek Falls aus.

Die Straße folgt nun dem immer breiteren Haast River an die Küste – am Weg entlang stehen Rimu- und Kahikatea-Bäume, urtümliche Riesen der Podocarpfamilie und Wahrzeichen der Westküste, viele von ihnen sind 400 Jahre alt. Im Weiler Haast ist das modern gestaltete Haast World Heritage Centre (Tel. (03) 750 0809) einen Besuch wert. Alle halbe Stunde läuft »Edge of Wilderness« – am Rand der Wildnis, eine exzellente Einstimmung auf die Gegend. Wer einen wilden, menschenleeren Strand sehen möchte, folgt einer Abzweigung zum Haast Beach.

Nach Süden führt eine Stichstraße ins kaum bewohnte Fischerdorf Jackson Bay

Mount Aspiring National Park

– ein Ausflug, der für Naturliebhaber reichen Lohn bietet: Wanderer finden Wharekai Te Kau Walk (40 Minuten), Smooth Water Track (3 Stunden) oder Stafford Bay Walk (8 Stunden). In einer Lagune wartet das Jetboot der Waiatoto Safari auf Kundschaft. Es ist dies die vielleicht schönste Tour in den Park.

Im Land der weichen Betten

Der Ort Wanaka liegt malerisch am gleichnamigen, enormen Alpensee. Auch deshalb bauen wohlhabende Leute aus Christchurch und Dunedin hier Ferienhäuser – der Ort ist in zehn Jahren von 200 auf 2000 dauernde Bewohner angewachsen, auch die Grundstückspreise haben sich inzwischen verzehnfacht.

Die Atmosphäre ist friedlich geblieben. Der See lädt ein zum Segeln und Fischen. Seine Umgebung bietet prächtige Spazierwege und gepflegte Golfplätze, auch Mountainbikes machen Spaß. Zu Ostern bringt »Warbirds«, eine Show von historischen Kampfflugzeugen, internationales Publikum. Im Winter kommen (auch) ernsthafte Sportler. Wanaka hat Zugang zu zwei schönen Skigebieten: Treble Cone und Cardrona. In den Harris Mountains liegen Heli-Ski-Reviere. Die Straße von Wanaka in den Mount Aspiring National Park führt erst den See entlang und dann durch das malerische Matukituki-Tal.

Glenorchy liegt am Ufer eines weiteren berühmten Alpensees, dem Nordufer des Lake Wakatipu. Das winzige Dorf ist von Queenstown aus über eine sehr schöne, etwa 40 Kilometer lange Seeuferstraße in 45 Minuten zu erreichen. Auf halber Strecke kommt man an eine Kuppe, von der aus man den See und drei Inseln (Tree, Pig und Pigeon Island) überblickt. In einem Gebiet, das zu Recht »Paradise« heißt, wurde für den »Herrn der Ringe« die Elfenheimat Lothlorien gefilmt. Glenorchy liegt am Rand des Mount Aspiring National Park. Hier beginnt die Wanderung auf dem berühmten Routeburn Track sowie die Boots-Safari auf dem Dart River.

MIT DÜSENANTRIEB IN DIE WILDNIS

Jetboote sind eine neuseeländische Erfindung: Leistungsstarke Motoren saugen Flusswasser an, das dann unter großem Druck durch schwenkbare Düsen am Heck des Bootes ausgepresst wird. Die Boote haben deshalb weder Ruder noch Schraube und können auf sehr seichtem Wasser fahren. Es macht sie zum idealen Vehikel, um auf Neuseelands Bergbächen in die Wildnis vorzudringen.

Die Waitatoto-River-Safaris starten von der Westküste an der Waiatoto-Lagune. Auf einer 2 ½-Stunden-Tour sieht man Felsformationen wie die Kathedrale oder den Haifischzahn. (Waitatoto River Safaris, Haast, Tel. (03) 750 0780, *www.riversafaris.co.nz*).

Die Dart-River-Safari beginnt bei Glenorchy. Man kann die 90 Minuten Jetbootfahrt auf dem Dart River mit einem Spaziergang und einer Allradtour verbinden. **Dart River Jet Safaris**, 27 Shotover Street, PO Box 76, Queenstown, Tel. (03) 442 9992, *www.dartriversafaris*.

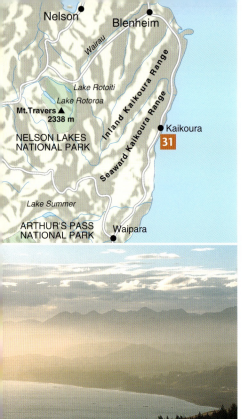

Die Südinsel

31 Halbinsel Kaikoura

Pottwale an der Felsküste

Schneebedeckte Berggipfel, wilde Meeresbrandung, dazu ein Tiefseegraben mit geheimnisvollen Riesenkraken, Pottwalen, die man beobachten und frische Langusten, die man verspeisen kann – kein Wunder, dass Kaikoura zum Tourismuszentrum geworden ist.

Wer Kaikoura vom Boot aus betrachtet, sieht ein höchst eindrucksvolles Bild: Wie ein Sporn ragt die Halbinsel in die Pegasus Bay und teilt den Ort in eine Nord- und eine Südbucht. Dahinter erhebt sich wie ein Wall die enorme Masse der schneegekrönten Seaward Kaikoura mit ihrem Hauptgipfel Manakau (2610 m).

Was unter dem Boot liegt, ist sogar noch eindrucksvoller: Der Kaikoura Canyon ist ein Meeresgraben, der von 1000 Metern in Küstennähe bis auf 6000 Meter Tiefe absinkt. Tiefseegräben so nahe an einer Landmasse sind auf der Welt sehr selten.

Zwei Strömungen – die eine kalt, die andere warm – verwirbeln sich und sorgen für optimalen Nährstoffnachschub für Plankton, Fische und Langusten. Auch bis zu 20 Meter lange Riesenkraken leben in diesen Tiefen.

Deshalb machen Blauwale, Glattwale, Buckelwale, Schwertwale und Delfine hier auf ihren Wanderungen Station. Und deshalb haben wohl auch männliche Pottwale, die größten Raubtiere der Welt, den Graben zu ihrer Dauerheimat bestimmt.

Ein ausgewachsener Pottwal ist rund 18 Meter lang und etwa 40 Tonnen schwer. Er taucht in Tiefen, in denen das Wasser zwei Grad kalt und rabenschwarz ist. Um sich zu orientieren, sendet der Pottwal im Sekundenabstand Klicktöne aus, so wie jedes Unterseeboot. Weil der Ton eines Pottwales aber bis zu 165 Dezibel erreicht (Überschallflugzeug Concorde: 112 Dezibel), können Menschen ihn mit Unterwassermikrofonen noch auf zehn Kilometer Entfernung hören. Weil man diese Mikrofone richten kann, ist es möglich, Wale zu orten, ohne sie mit Sonartönen zu belästigen. Der Pottwal ist Weltmeister im Tauchen: Er kann zwei Stunden unter Wasser bleiben und dabei eine Tiefe von drei Kilometern erreichen – nur seinem Magen zuliebe. Denn der größte aller Zahnwale muss permanent fressen, Tag und Nacht, um seine gewaltige Masse zu erhalten: Tinten- und Thunfische, selbst Haie von drei Metern Länge verschluckt er, ohne viel zu kauen.

Oben: Der Clarence River bildet die Grenze zwischen der Provinz Marlborough im Norden und Canterbury im Süden. Rechts: im Tourismuszentrum Kaikoura steht der Pottwal, größter Zahnwal der Welt, im Vordergrund.

Die Südinsel

Eine Halbinsel teilt Kaikoura in eine Nordbucht (ganz oben) und eine Südbucht. Der alte Maorisiedlungsplatz lebte erst von Walfang, dann der Staatseisenbahn und heute vom Tourismus. Mitte: Vor dem Fyffehaus, Heim einer frühen Pionierfamilie, hält eine Frau den Kieferknochen eines Pottwales.

Nach jedem Tauchgang kommt ein Pottwal für zehn Minuten an die Oberfläche, um zu verschnaufen und um seine Muskeln wieder mit Sauerstoff zu füllen. Es sind dies jene zehn Minuten, die zur Beobachtung bleiben: Der Wal treibt in dieser Zeit wie ein glatter schwarzer Baumstamm in den Wellen. Nur der sechs Meter lange, fassartige Kopf ragt aus dem Wasser, das Atemloch bläst Luft und feinen Wasserstaub aus. Dann biegt der Wal plötzlich seinen Rücken, der riesige Schädel taucht ab, und eine fünf Meter breite Schwanzflosse, deren Schlag 550 PS entwickeln kann, erhebt sich gravitätisch und verschwindet.

Korsett und Kutschenfederung

Maori, die seit 1000 Jahren an der Kaikouraküste leben, haben ein besonderes Verhältnis zu Walen, was sich in ihren Legenden ausdrückt. Da ist etwa vom Ahnherrn Paikea die Rede, der in grauer Vorzeit auf dem Rücken eines Wales reitend Neuseeland erreicht haben soll. Anderswo ist der Wal Mokai des Häuptlings, sein Vertrauter und Beschützer in Tiergestalt.

Dennoch gingen, als 1842 die weißen Walfänger nach Kaikoura kamen, Maori mit auf die Jagd. Im kleinen Ortsmuseum sieht man sie noch: Auf verwackelten Fotos stehen Männer mit breiten Hüten und langen Messern stolz auf Walfleischbergen. Ihre Hütten im Hintergrund haben Wände aus Baumrinde und Farnstämmen, die Fensterscheiben sind aus Sackleinen.

Walfänger sägten lange Streifen der isolierenden Fettschicht vom Walkadaver und zogen sie mit Seilwinden zu Töpfen, in denen der Tran abgekocht wurde. Zwei andere Produkte waren noch wertvoller: Ein Bartenwal filtert Nahrung durch Platten. Diese Platten, eine keratinhaltige Substanz, sind leicht und widerstandsfähig. Das sogenannte Fischbein hielt viktorianische Korsette in Form und wurde auch für Kutschenfederungen verwendet. Ein geheimnisvolles Organ im Kopf des Pottwales lieferte das begehrte »Walrat«. Das graue, wachsartige Öl wurde zu rußfrei brennenden Kerzen und feinem Maschinenöl verarbeitet. Walfänger hielten es lange – fälschlich – für Sperma. So kam der Pottwal auch zu seinem englischen Namen – Spermwhale.

Rund 20 Jahre dauerte das Gemetzel, dann waren die Wale getötet oder vertrieben. Einige Walfangstationen um Kaikoura machten bis 1922 weiter, ihr Fang blieb aber gering. So wirken die Spuren dieser Zeit heute eher wie ein Spuk.

An der Uferpromenade der North Bay liegt der »Garten der Erinnerung«. Die Luft riecht stark salzig hier – mag sein, dass das vom Meer kommt. Mag aber auch sein, dass der Geruch von den Walkieferknochen stammt, die im Garten wie Torbögen paarweise in die Erde gerammt stehen – langsam zerfallen die Knochen, um manche ranken sich inzwischen Rosen.

Auf der anderen Seite der Straße stehen dreibeinige Kessel in einer Wiese, schwarz und wackelig. In diesen Pötten wurden einst Walfettstücke gekocht, um den Tran zu gewinnen. An der Halbinselspitze steht das alte, rosafarbene Haus der Familie Fyffe, Walunternehmer der ersten Stunde, auf einem Fundament aus Walrückenwirbeln.

Halbinsel Kaikoura

Schutzzone und Neubeginn

1978 erklärte Neuseeland 370 Kilometer um seine Küsten zur Walschutzzone. Andere Staaten folgten, und so umfasst das Schutzgebiet heute fast ein Drittel der Weltmeere. Kommerzieller Walfang ist seit 1982 überall – wenn auch nur vorläufig – untersagt. Seither haben die Wale begonnen, wieder an ihre bevorzugten Plätze zurückzukehren, auch nach Kaikoura.

Hier herrschte 1986 Krisenstimmung. Der Hauptarbeitgeber des Ortes, die Werkstätten der staatlichen Eisenbahnen, hatte eben zugesperrt. Lokale Maori verpfändeten ihre Häuser und kauften ein Gummiboot mit Außenbordmotor, das zehn Touristen zu den Walen bringen konnte.

Aus dem Minibetrieb ist der größte Arbeitgeber der Region geworden: Heute besitzt die Firma Whalewatch Kaikoura vier moderne Katamarane, die bis zu 50 Kilometer pro Stunde schaffen. Während der Fahrt sitzt man in bequemen Sitzen und lernt über eine elektronische Tafel viel über Wale und den Tiefseegraben. Ist ein Wal gefunden, hält das Boot und die Passagiere treten auf Aussichtsplattformen.

80 000 Besucher pro Jahr sichern 70 Jobs. Mehr als eine Million Dollar aus dem Geschäft sind in Gemeinschaftseinrichtungen der Maori von Kaikoura geflossen: Takahanga Terrace, der alte Siedlungsplatz, ist heute keine Schafweide mehr – zwei Säle dominieren die neu gebaute, weitläufige Anlage. Eine riesige Vogelfeder dreht sich an einer Stange mit dem Wind. Und zehn Meter hohe, neue Holzschnitzereien erzählen wieder die Geschichte von Paikea, dem Vorfahren, der auf einem Wal an neuseeländische Küsten kam.

LUNCH MIT JASUS EDWARDSII

Der Name Kaikoura bedeutet Langustenessen und das sollte man in dem Fischerdorf auch tun. *Jasus edwardsii*, 50 Zentimeter lang, krebsrot und ohne Schere, wird in Körben gefangen und lebend in alle Welt geflogen. Die bequeme lokale Verkostung kann in einem der örtlichen Restaurants stattfinden. Authentischer und preiswerter ist es, das bereits gekochte Krustentier von einer der Buden entlang der Hauptstraße nördlich der Siedlung zu kaufen und sich samt Weißbrot, Sauce und Servietten an einen Strand zu setzen. Von Vorteil ist außerdem, dass keiner zusieht, wie die Schalen aufgebrochen und daraus das Langustenfleisch gesogen wird.

WEITERE INFORMATIONEN:

Walbeobachtung per Boot nur mit Whalewatch Kaikoura, Bahnstation Kaikoura, Tel. (03) 319 67 67, *www.whalewatch.co.nz*, etwa 65 Euro, Dauer: 3 ½ Stunden, Voranmeldung.

Canterbury, die mit Abstand größte Provinz Neuseelands, hat zwei Gesichter. Nördlich von Christchurch findet man wie hier bei Cheviot rollendes Hügelland, auf dem vor allem Schafe weiden. Südlich der Stadt erstrecken sich die Canterbury Plains, Neuseelands größte Ebene. Die mageren Regenfälle östlich des Alpenhauptkammes werden durch extensive Bewässerung ausgeglichen.

Die Südinsel

32 Christchurch

Im Zentrum der Südinsel

Die mit Abstand größte Stadt der Südinsel liegt in der Ebene von Canterbury, an der Flanke eines erloschenen Vulkans. Die vielleicht englischste Siedlung südlich von Dover und ihre 365 000 Bewohner sind seit jeher stolz auf schöne Gärten, zurückhaltende Höflichkeit und ein paar reizende Exzentriker.

Christchurch stellt sich gerne als Hort der Tradition dar. Man wandert durch den Botanischen Garten, fährt mit einer alten Straßenbahn durchs Zentrum und dümpelt in einem langen Boot auf dem Hausfluss Avon, langsam vorwärtsgetrieben von einem Herrn in Hemdsärmeln und Strohhut, der eine lange Stange in das Bachbett setzt und dann anschiebt – »punting« heißt das. Man kann sich hier aber auch modern vergnügen: in den mehrsprachigen Läden im Zentrum Souvenirs kaufen und Geld in einem Spielcasino lassen, in einem Heißluftballon über der Ebene von Canterbury schweben oder per Hubschrauber in den herrlichen Naturhafen von Akaroa gleiten und dort auf der French Farm, einem Weingut, köstlich lunchen.

Der Jungkonservative und die Bischöfe

Das Zentrum der Stadt bildet Cathedral Square, die anglikanische Kathedrale, ihr gegenüber die Statue von John Robert Godley, dem Gründervater von Christchurch. Godley war ein Jungkonservativer in England, der Demokratie und Industrialisierung gleichermaßen schlecht fand und von einer besseren Welt träumte, in der Pfarrer und Grundeigentümer weise über fleißige Handwerker und Bauern herrschen sollten. Diesen Traum wollte er in Neuseeland verwirklichen und fand Gleichgesinnte: zwei Erzbischöfe, sieben Bischöfe, 14 Fürsten und Grafen, vier Barone und 16 Parlamentsabgeordnete. Sie gründeten die Canterbury Association und gaben Geld, um Auswanderer anzuwerben – alle sollten anglikanisch sein und ein Führungszeugnis ihres Vikars vorlegen.

Tatsächlich landeten die ersten 800 Pilgrime, begleitet von Godley selbst, 1850 auf vier Schiffen im Hafen von Lyttleton, wurden mit Zollvorschriften empfangen und in vorbereitete Baracken gesteckt. Godleys Frau hatte sie inspiziert und fand sie unnötig bequem und deshalb geeignet, die Immigranten davon abzuhalten, das Land zu kolonisieren. Von Lyttleton aus schleppten und zogen die Siedler ihre Habe über die

Christchurch, wie es sich selbst gerne sieht: Die neue Kunstgalerie steht am Worcester Boulevard in der Innenstadt (ganz oben), Blumenfeste (oben) und gemächliche Bootsfahrten unterstreichen den Ruf als Gartenstadt.

Die Südinsel

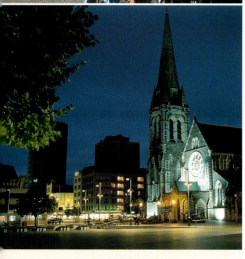

Wahrzeichen von Christchurch: Vom Sign of the Takahe (ganz oben) im Ortsteil Cashmere genießt man einen Blick über die Stadt. Mitte oben und halbrechts: Die alte Universität im Zentrum ist heute das Kulturzentrum Art Centre. Interessant sind die anglikanische Kathedrale (oben), das Provinzmuseum (rechts) und die Hauptpost (rechts oben).

steilen Hügel zur Ebene von Canterbury, damals wegloses, dicht bewachsenes Sumpf- und Baumland.
Die Marktgesetze gelten auch hier. Geschichte ist im jungen Neuseeland ein rares Gut und wird deshalb hoch bewertet. Von einem dieser ersten Einwanderer abzustammen gehört zum Canterbury-Adelsdiplom. Godleys Traum von der idealen Siedlung platzte an der herben Realität der Kolonie wie eine Seifenblase. Wer die Siedlerschiffe voll bekommen wollte, konnte kaum so heikel sein.

Wunderbares Zentrum

Ein Rundgang beginnt am Cathedral Square. Die Kirche selbst ist einen Besuch wert: Zwischen 1864 und 1904 erbaut, ist sie ein schönes Beispiel der Neugotik. Ihr Turm, einmal erstiegen, erlaubt einen Rundblick auf die Innenstadt, die von vier breiten Straßen, den Four Avenues, begrenzt wird.
Vor der Kirche wächst eine silberne Eistüte aus dem Pflaster. Die moderne Skulptur soll an Blätter erinnern, die der vorherrschende Föhnwind, der Nordwester, hochgewirbelt hat. Die alte Hauptpost daneben beherbergt die zentrale Stadtinformation. Vom Platz davor fährt die Stadtstraßenbahn zu ihrer englisch kommentierten Schleife durch die Innenstadt ab. Von hier starten auch Busverbindungen zum Hafen von Akaroa und in den Thermalbadeort Hanmer Springs.
Die Hauptstraße heißt Colombo Street, so wie die Hauptstadt von Sri Lanka. Die merkwürdige Namenswahl hat seine Wurzeln im Britischen Empire. England regierte im alten Ceylon ebenso wie hier. An der nächsten Ecke beginnt die Fußgängerzone mit dem altehrwürdigen Kaufhaus Ballentynes. An ihrem Ende steht man vor der Bridge of Rememberance. Die Brücke erinnert an alle Kriege, in denen Kiwis an der Seite der Engländer gekämpft haben. Es waren erstaunlich viele: Südafrika, zwei Weltkriege, Nordkorea, Malaysia, Vietnam. An der Brücke wendet man sich wieder nach rechts und steht in der Restaurantmeile The Strip. Sie ist kurz und lebhaft, vor allem an den Ausgehtagen Freitag und Samstag verwandeln sich legere Restaurants um Mitternacht in Tanzlokale. Am Ende des Strip erreicht man einen warm gekleideten Herrn auf einem Denkmalsockel – Antarktisforscher Robert Scott, der in der Nähe von Christchurch Hunde für seine Expedition trainiert hat. Hier biegt man links in den Worcester Boulevard ein und ein massiger, moderner Bau kommt in Sicht: Die Christchurch Art Gallery hat 2003 eröffnet und beheimatet neben Café und Laden vor allem Gemäldegalerien (Eintritt zu vielen Ausstellungen frei). Schräg gegenüber erstreckt sich verspielte, neugotische Architektur – das

Christchurch

Gelände der alten Universität. Im Arts Centre arbeiten Kunsthandwerker, dazu kommen Galerien und Cafés, zwei Kinos und die einzige Profitheatertruppe der Südinsel (Court Theater, Tel. (03) 963 0870). Auf dem Vorplatz ist am Wochenende Markt, und es gibt eine Reihe von Buden, an denen man Libanesisch, Tschechisch, Koreanisch und Thai essen kann. Auch Bratwürste sind so authentisch deutsch wie ihre Verkäufer.

Am Ende des Worcester Boulevard steht das Canterbury Museum, wo interessante Darstellungen der frühen Maori-Besiedelung zu bestaunen sind. Viele der ausgestellten Jadewaffen sind seit 300 Jahren im Besitz derselben Maori-Familien und sind Leihgaben an das Museum. Daneben öffnen sich die Tore zum schönsten Botanischen Garten in Neuseeland. Der Brunnen gleich hinter dem Eingang stammt aus der Regierungszeit von König Edward, der jahrzehntelang in einem städtischen Depot schmachtete, bis man ihn wieder in den Garten ließ. Auch die Bäume haben Geschichte: Die Eichen sind zu Jubiläen des englischen Königshauses gepflanzt worden, Plaketten erinnern noch daran. Der Botanische Garten geht in den Stadtpark Hagley Park über, in dem jeden Tag Hunderte Menschen Rad fahren oder joggen. An Samstagvormittagen spielen Schulklassen Rugby, Fußball, Cricket und Netball. Der Park beherbergt auch einen Golfplatz und einen Rasentennisclub mit 30 Plätzen. In beiden Anlagen sind Gäste willkommen.

Der Weg zurück zum Zentrum durch die Armagh Street führt vorbei an den Provincial Chambers. Man kann sie durch einen Besuch im hier beheimateten gemütlichen Belgium Beer Café besichtigen. Die neugotischen Gebäude erinnern an eine Zeit, in der Neuseeland in Provinzen (Bundesländer) eingeteilt war.

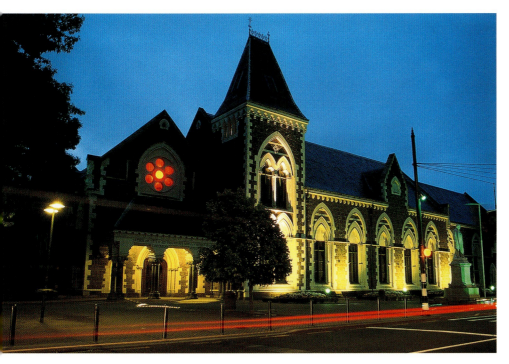

HUNTLEY HOUSE

Am Rand von Christchurch liegt Huntley House. Die edle Holzvilla aus dem 19. Jahrhundert ist umgeben von gepflegten Parkanlagen und bietet in 17 der historischen Räume Reisenden stilvollen Luxus. Es ist eine prächtige Gelegenheit, für ein paar Tage in die Welt begüterter Auswanderer der Frühzeit einzutauchen. Beachtenswerter Bonus: Der Chefkoch spricht Deutsch. Der Pfälzer Phillip Nordt hat sich vor mehr als 20 Jahren in Christchurch niedergelassen und mit seiner Kochkunst seither Gourmets aus aller Welt das Leben verschönt. Huntley House, 67 Yaldhurst Road, Upper Riccarton, Christchurch, Tel. (03) 348-8435, *www.huntleyhouse.co.nz*.

Der Preis beträgt für zwei Personen inklusive Frühstück und Aperitifs vor dem Dinner ab 200 Euro.

WEITERE INFORMATIONEN

Art Gallery Tel. (03) 941 7300, *www.christchurchartgallery.org.nz*
Arts Centre, www.artscentre.org.nz
Canterbury Museum, Tel. (03) 366 5000, *www.cantmus.org.nz*

Die Südinsel

33 Banks Peninsula

Ein erloschener Vulkan als Ausflugsziel

Neben Christchurch ragt abrupt die Banks Peninsula aus dem Meer auf. Die 80 Kilometer breite Halbinsel, ein Überrest massiver, erloschener Vulkane, bietet zahlreiche Buchten, schroffe Berghänge und herrliche Aussichten. Sie dient den Großstädtern als Naherholungsgebiet. Man schwebt per Seilbahn über Stadt und Hafen Lyttleton, radelt den Kraterrand entlang oder verbringt ein romantisches Wochenende in der Franzosenkolonie Akaroa.

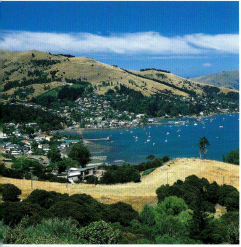

Die Banks Peninsula ist nach einem Reisegefährten von James Cook benannt, dem Privatgelehrten Joseph Banks. Cook beging an der Halbinsel einen für ihn seltenen kartografischen Fehler – der große Entdecker hielt sie für eine Insel.

Dort, wo die Hügel der Halbinsel auf Christchurch treffen, liegt Sumner, ein bevorzugtes Wohngebiet der Stadt. Man findet hier üppige Vegetation auf erstarrten Lavafelsen und, rund um den hübschen Sandstrand, ein Dutzend Cafés und Restaurants. An den Hängen der Hügel von Clifton Hill und Scarborough stehen viele teure Villen. Spazierwege laden zu Aus- und Einblicken ein. Die Nachbarbucht zu Sumner heißt Taylors Mistake. Der Irrtum Taylors, so die Übersetzung, bestand darin, die Bucht mit der Hafeneinfahrt zu verwechseln. Warum man daran noch erinnert? In der Zeit der Segelschiffe bedeutete der Fehler das Ende von Taylors Boot – es wurde vom Wind an Land gedrückt und zerstört. Besucher finden in Taylors Mistake einen tollen Surfstrand; hier beginnt auch ein Küstenwanderweg zur Boulder Bay.

Die Stadt der kleinen Blechhütten

Einen Hügel weiter blickt man dann in einen Vulkankrater, der zum Meer hin aufgerissen ist. In diesen tiefen, geschützten Naturhafen haben die Pioniere Lyttleton gesetzt, jenen Platz, wo die Besiedlung von Canterbury begonnen hat. Manche sagen, der Ortsname erinnert an diese Anfänge, denn Little-tin town heißt übersetzt »Stadt der kleinen Blechhütten«. Viele alte Gebäude sind erhalten geblieben. Einen Besuch wert ist etwa die Timeball Station, eine englisch-viktorianische Einrichtung. Über einem Turm ist eine Stange befestigt, an deren Spitze sich ein großer schwarzer Ball befindet. Früher wurde er um 12.00 Uhr mechanisch gesenkt, um Schiffen

Die Banks Peninsula ist eine von längst erloschenen Vulkanen geformte Halbinsel, die nach James Cooks reichem Mitreisenden Joseph Banks benannt wurde. Im herrlichen Naturhafen von Akaroa (alle Fotos) kann man ganzjährig mit Delfinen schwimmen und, nur an Sonntagen, einen sechseckigen, hölzernen Leuchtturm besichtigen.

An den Stränden der Bankshalbinsel bekommt das ernste Canterbury einen leichtlebigeren Einschlag. Ganz oben: Sumner ist ein Vorort von Christchurch. Seine villenbestückten Hügel sind heute fest in der Hand europäischer Einwanderer. In Akaroa kann man offensichtlich den Franzosen die Schuld an den lockeren Sitten in die Schuhe schieben.

Die Südinsel

die Uhrzeit zu signalisieren – heute vollzieht sich das Spektakel täglich um 13.00 Uhr. Timeball Stations waren früher in allen Teilen des Britischen Empire zu finden – heute sind weltweit nur noch zwei erhalten.

Der Hafen Lyttleton ist wirtschaftlich wichtig. Kohle von der Westküste wird hier verschifft, Kreuzfahrtschiffe und auch große Fischerboote legen an. Sie haben nicht selten eine russische Besatzung, was man auch an der Hauptstraße ablesen kann. Das Neonschild an der Balalaika-Bar beispielsweise ist auf Kyrillisch geschrieben.

Wer Attraktionen mit Eintritt bevorzugt, hat im Wesentlichen drei Möglichkeiten: In Ferrymead liegen zwei Komplexe: Der Ferrymead Heritage Park stellt ein Pionierdorf nach, in dem geschmiedet und gebaut wird, am Wochenende sind auch Dampfmaschinen in Bewegung. Das 2008 eröffnete Maori-Dorf der Brüder Tamaki erläutert Maori-Kultur durch Tanz und Festmahl (Hangi).

Die Christchurch Gondola bringt einen per Seilbahn auf den Hügelkamm. Von dort aus hat man einen umwerfenden Blick auf die Stadt und in das Hafenbecken von Lyttleton. Man kann hier auch mittags oder abends essen oder sich für die Rückfahrt ins Tal ein Mountainbike mieten.

Französisches Dornröschen

Etwa 1 ½ Stunden von Christchurch entfernt liegt das schönste Stück der Banks Peninsula. An einem Naturhafen, der lieblicher ist als Lyttleton, liegt Akaroa. Man kann den Besuch als Tagesausflug von Christchurch aus planen, wer es sich zeitlich leisten kann, sollte in

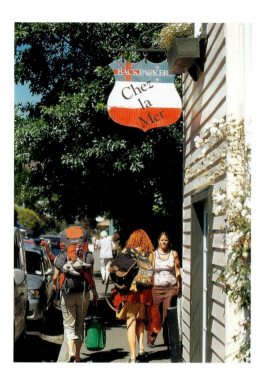

Akaroa übernachten – am besten in einer der charmanten, teils luxuriösen Frühstückspensionen.

Dann hat man Zeit für einen gepflegten Lunch in der herrlich gelegenen French Farm, kann eine der schönen, abgelegenen Buchten (Okains Bay, Port Levy) besuchen und auf einer besonderen Wegstrecke eine landschaftlich interessante Route fahren: Sie führt von Christchurch nach Sumner, über die Evans Pass Road in den Hafen von Lyttleton, folgt dann den Buchten und kehrt über den Gebbies Pass wieder auf die Hauptroute nach Akaroa zurück. Wer noch mehr Zeit hat, kann schon am Evans Pass auf die Summit Road einbiegen. So dehnt sich die Fahrt nach Akaroa auf vier Stunden aus, allerdings mit magischer Aussicht.

Akaroa selbst ist ein alter Siedlungsplatz der Maori. Seine europäische Geschichte begann 1838, als ein französischer Wal-

Banks Peninsula

fänger hier anlegte. Wieder in Frankreich, brachten seine begeisterten Berichte tatsächlich 63 Landsleute dazu, auf der »Comte de Paris« loszusegeln, um eine französische Kolonie zu gründen. Sie stellten bei ihrer Ankunft fest, dass Neuseeland zwischenzeitlich von England annektiert worden war. Sie blieben dennoch und taten – recht französisch –, als wäre nichts geschehen. Sie pflanzten Pappeln aus der Normandie, gaben den Dorfstraßen Namen wie Rue Lavaud oder Rue Jolie und bauten rund um den herrlichen Hafen Holzvillen in ihrem eigenen Stil. Viel davon ist erhalten geblieben und liegt in hübschen Gärten offen da. Ein Paradebeispiel, das Haus Langlois Eteveneaux, ist heute Teil des Museums von Akaroa (Ecke Rue Lavaud, Rue Balguerie, Eintritt, Tel. (03) 304 7614).

Auch der Leuchtturm im Ortszentrum ist etwas Besonderes. Er stand ursprünglich an der Hafeneinfahrt und gehört zu den wenigen aus viktorianischer Zeit, die in Neuseeland erhalten blieben. Die sechseckige Holzkonstruktion von 1880 hat vier Ebenen und ist jeden Sonntagnachmittag zu besichtigen.

Unter den kleinen Kirchen in Akaroa sind drei hervorzuheben:
St. Patricks in der Rue Lavaud ist die am besten im Original erhaltene und dient französischen und irischen Katholiken. St. Peter in der Rue Balguerie ist eine anglikanische Kirche und bekam 1878 die heutige Form. Am stimmungsvollsten ist eine winzige Maori-Kirche, die »Kaik«.

Als Aussichtspunkt – und Fenster in die Ortsgeschichte – ist der Garden of Tane im Ortszentrum kaum zu überbieten. Man steigt durch ein kleines Waldstück zu einer Lichtung auf, an der die Gräber früherer Siedler liegen. Das Hafenbecken breitet sich aus – darin liegt wie ein Wal die Halbinsel Onawe. An ihrem Ende lag ein großes Maori-Dorf. Es wurde von einem Stamm der Nordinsel vernichtet und blieb seither unbesiedelt.

AKAROA HARBOUR

Eine Rundfahrt durch den verträumten Hafen ist ein Erlebnis. Da man im Inneren eines Vulkankraters unterwegs ist, erwarten einen schroffe Klippen, aber auch stille, windgeschützte Buchten. Wer es gerne ruhig und einsam mag, sollte sich ein Kajak oder Segelboot mieten. Wer erläuternden Kommentar sucht, heuert besser auf einem Katamaran an.

Im Akaroa Harbour lebt Hectors Dolphin. Es ist dies der kleinste und seltenste Delfin der Welt, die knapp 4000 erhaltenen Exemplare schwimmen nur rund um Neuseelands Küsten und sind leicht zu erkennen: Hectors Dolphin wird nur 1,4 Meter lang, hat eine abgerundete Rückenflosse, seine Haut ist schwarz, grau und weiß. Man kann, in Neopren gepackt und mit Instruktionen versehen, mit Delfinen schwimmen. Black Cat Cruises beschränkt die Zahl der Schwimmer auf zehn pro Tour, Euro 55, Akaroa, Werftanlage, Tel. (03) 304 7641, www.blackcat.co.nz.

WEITERE INFORMATIONEN ZU LITTLETON UND FERRYMEAD

Christchurch Gondola, Tel. (03) 384 0700, www.gondola.co.nz
Ferrymead Heritage Park, Tel.(03) 384 1970, www.ferrymead.org.nz
Tamaki Heritage Village, Tel. (03) 366 7333, www.maoriculture.co.nz

Oben: Der Kea ist der einzige Bergpapagei der Welt. Unter den dezent grünen Schwingen stecken grell orangefarbene Federn. Gescheit, verspielt und neugierig hat der strikte Vegetarier schon Scharen von Urlaubern mit seinen Streichen je nach Temperament zum Lachen oder Bluthochdruck gebracht. Ganz rechts: Blick vom Hooker Tal auf den Mt. Cook.

Die Südinsel

34 Mount Cook National Park

Der Kaiser der Südalpen

Mount Cook ist der höchste Berg Neuseelands und extrem fotogen: Von Westen her betrachtet, thront er über dichtem grünem Regenwald. Wer sich von Osten nähert, sieht seine Gletscher über den türkisfarbenen Wellen des Lake Pukaki schimmern. Vor Kletterpartien in dem Massiv, wo einst der Everest-Bezwinger Sir Edmund Hillary übte, muss gewarnt werden: Ungestüme Wetterlagen und brüchiges Gestein fordern jedes Jahr auch unter Alpinisten Todesopfer.

Der Mount Cook war 3764 Meter hoch, bis er im Jahr 1991 bei einem Felssturz zehn Meter an Höhe verlor. Mit 3754 Meter überragt er die Nummer zwei unter Neuseelands Bergen, den Mount Tasman, noch immer um respektable 257 Meter. Der höchste Punkt der Alpenkette heißt bei den Maori Aoraki, was sich mit »Wolke im Himmel« oder Wolkendurchstoßer übersetzen lässt. Er ist von Osten her über eine 60 Kilometer lange Stichstraße bequem zu erreichen, die am türkisfarbenen Lake Pukaki entlangführt. Mount Cook hat Gipfelstürmer lange abgewiesen. Erst am 25.12.1894 gelang es den Neuseeländern Fyfe, Graham und Clarke, den Gipfel zu erreichen. Am Mount Cook trainierte 40 Jahre später Sir Edmund Hillary, der erste Bezwinger des Mount Everest. Der Nationalpark umfasst heute auf engem Raum 19 Dreitausender und ist zu 40 Prozent vergletschert.

Das mächtigste Eisband ist der Tasman-Gletscher – 29 Kilometer lang, an manchen Stellen drei Kilometer breit und bis zu 600 Meter dick. Da er nur mäßig geneigt ist, können Kufenflugzeuge auf dem Gletscher landen; dieses Vergnügen gehört zum Fixprogramm japanischer Flitterwöchner.
Zu den Besonderheiten des Parks zählen Keas, große freche Papageien im grünen Anzug mit orangefarbenen Flecken unter den Flügeln. Der einzige echte Bergpapagei der Welt ist nur in Neuseeland zu finden. Bemerkenswert sind auch seltene Falken- und Eulenarten. Star unter den Pflanzen ist zweifellos die Mount Cook Lily *Ranunculus lyalli*. Das winzige Dorf im Nationalpark hat ein gut ausgestattetes Informationszentrum. Unterkunft bieten das historische, schön renovierte Hermitage Hotel, Apartments, die Glencoe Lodge und eine Jugendherberge. Am Ufer des Lake Pukaki kann man im Glentanner Park campieren.

Mount Cook National Park

Viele Urlauber kommen nur tagsüber in den Talschluss. Eine schöne Wanderung für Nichtalpinisten beginnt neben dem Hermitage Hotel und führt zum Hooker Valley. Dort geht man den Gletscherbach entlang und sieht nach 1 ½ Stunden vor sich den Mount Cook. Wer 1000 Höhenmeter schafft, kann die Müller-Hütte erreichen. Wer weiter aufsteigen will, sollte vorbereitet und geübt sein. Die meisten Touren im Park sind keinesfalls für Halbschuh-Alpinisten geeignet.

Müheloser erreicht man alpines Gelände per Flugzeug oder Hubschrauber. Flugzeuge starten im nahe gelegenen Twizel, am Lake Tekapo und an der Einfahrt zum Tal. Hubschrauberflüge beginnen in Glentanner Park oder am Mount Cook.

Der Weg ist (auch) das Ziel

Eine Fahrt zum Mount Cook führt durch Canterbury, Neuseelands größte Provinz. Es ist eine Ehe von Bergland und Meer, verbunden durch Schmelzwasser führende Flüsse, *braided rivers*, die mehrere ineinander verflochtene Arme dem Meer zustrecken.

Wer Christchurch Richtung Westen verlässt, passiert erst die Schlucht des Rakaia-Flusses und den Mount Hutt, eines der besten Skigebiete Neuseelands. Bei Mount Somers kann man ins Tal des Rangitata-Flusses gelangen. Eine Schotterstraße führt zum herrlichen Panorama am Mount Sunday. Diese Prunkkulisse hat der Regisseur Peter Jackson im »Herrn der Ringe« benutzt – hier stand die Reiterhochburg Edoras und König Theodens Sitz.

Hinter dem Burke's Pass tut sich eine andere Welt auf: Mackenzie Country ist karges Hochland, das von baumlosen Höhenzügen und kargen, goldfarbenen Grasbüscheln, dem Tussock, bestimmt wird. Die Landschaft ist nach einem vermeintlichen Dieb benannt: mehr als 1000 gestohlene Schafe soll der Schotte Mackenzie 1855 hierher getrieben haben. Nun, über 140 Jahre später, stellt sich seine Verurteilung als Justizirrtum heraus. Nach neuen Erkenntnissen wurde der gälische Schafhirte, frisch im Land und des Englischen kaum mächtig, vom wahren Dieb als ahnungsloser Treiber angeheuert.

AUF DEN SPUREN VON SIR ED

Pioniergeist und Willenskraft charakterisieren viele Neuseeländer, keiner jedoch verkörperte sie mehr als der erste Everest-Bezwinger Sir Edmund Hillary. Ihm zu Ehren wurde am 9. Januar 2008 das »Sir Edmund Hillary Alpine Centre« im Hotel The Hermitage am Mount Cook eröffnet. Das interaktive Museum am Mount Cook mit einem Planetarium und 3-D-Kinotheater zeigt die Herausforderungen, die Menschen auf sich genommen haben, um den Berg zu erklimmen. Eine computeranimierte Show mit imposanten Bildern aus der alpinen Welt und ein nächtlicher Sternenhimmel bieten »Natur zum Anfassen und Erleben für Kinder und Erwachsene«.
Sir Edmund Hillary Alpine Centre, Eintritt inklusive Planetarium oder 3-D-Show und Museum 13 Euro, *www.hermitage.co.nz/ accommodation/hillary-museum*

INFORMATIONEN ZUR UMGEBUNG

Wer die erstaunlichen Eisformationen des Tasman-Gletschers besuchen will, sollte eine Tour mit Mount Cook Alpine Guides buchen (Tel. (03) 435 1834, *www.alpineguides.co.nz*).
Rundflüge: The Helicopter Line, Glentanner Park, Mount Cook, Tel. (03) 435 1801, *www.helicopter.co.nz* (große Rundflüge kosten etwa 200 Euro).

Die Südinsel

35 Oamaru

Steinernes Dornröschen

Man findet in Neuseeland wenig historisch interessante Städte. Oamaru ist die faszinierende Ausnahme dieser Regel. Die Hafenstadt in Nordotago wurde in Goldrauschtagen prunkvoll aus weißem Stein gebaut und versank vor 50 Jahren in einen Dornröschenschlaf, der bis heute fortdauert. Besucher finden die Wiege der Fleischindustrie, faszinierende Fotomotive und seltene Pinguine.

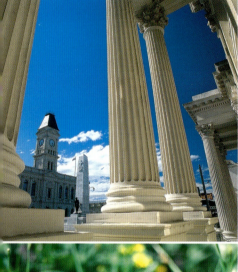

Oamaru ist die nördlichste Stadt der Provinz Otago, eine der meistbesuchten Regionen Neuseelands. Die spektakuläre Landschaft zerfällt in drei Bereiche: Im Westen liegen, begrenzt vom Alpenbogen, die Gletscherseen Hawea, Wanaka und Wakatipu sowie die Tourismusmetropole Queenstown. In Zentralotago hüllt Tussock, Büschelgras, die abgerundeten Hügelkuppen ein. Es sieht aus, als läge eine Samtdecke auf einem Riesenkörper. Das einsame Gebiet entwickelt kontinentales Klima mit kalten Wintern und heißen Sommern. An der Pazifikküste im Osten liegen die drei Städte Oamaru, Dunedin und Balclutha, dazwischen erstrecken sich menschenleere, weit gezogene Strände, an denen Seelöwen und Pinguine öfter zu sehen sind als Menschen.

Versunken im Dornröschenschlaf

Oamaru ist heute ein behäbiges Städtchen mit 13 000 Einwohnern, dem man seine bewegte Vergangenheit zunächst nicht ansieht. Wer aber die Durchgangsstraße verlässt, findet sich sehr schnell umgeben von der besten Sammlung viktorianischer Fassaden in Neuseeland: Sie alle sind mit einem nahe der Stadt abgebauten weißen Stein, dem Oamaru Stone, erbaut worden. Pompöse Banken, Post- und Hotelbauten, selbst ein Opernhaus haben die Stadtväter vor 140 Jahren in Erwartung einer herrlichen Zukunft finanziert. Im Viertel um den Hafen findet man auch Getreidehochspeicher, enorme Lagerhallen und Stallungen. Immerhin: Vor 100 Jahren war in Oamaru so viel Betrieb wie in Los Angeles.

Und dann kam alles zum Stillstand: Die Exporte von Wolle und Getreide verfielen mit den Preisen, das Fleischgeschäft wurde vom sicheren, besser organisierten Hafen in Dunedin übernommen. Oamaru, auf Pump und teuer gebaut, konnte seine Schulden nicht bezahlen, Gebäude standen leer, sie verfielen, der Hafen wurde stillgelegt.

Der Dornröschenschlaf dauert bis heute an – Besuchern bietet sich der Stadtkern

Oben: Der blaue Pinguin ist mit 18 Zentimeter der kleinste Pinguin der Welt. Da neuseeländische Holzhäuser oft auf 40 Zentimeter hohen Pflöcken stehen, bieten strandnahe Objekte hervorragende Nistplätze. Einquartierung schafft nicht nur Freude: Es fischelt zwischen den Bohlen und in der Paarungszeit ist nachts an Schlaf nicht zu denken.

Oamaru

dar wie ein Freiluftmuseum. Viele der historischen Gebäude werden heute wieder benutzt und können besucht werden: Neben Kunstgalerien und Cafés haben sich hier Antiquitätenläden, ein Buchbinder und eine Radiostation etabliert. Als Wegweiser dient ein Stadtwanderplan, »Historic Oamaru«, der Besucherinformation.

Der kleinste Pinguin der Welt

Im Information Centre kann man auch eine Pinguinbeobachtung buchen: Auf Cape Wanbrow, der Halbinsel südlich des Hafens, haben sich Kolonien endemischer, seltener Pinguine angesiedelt. Die Gelbaugenpinguine sind groß und sehr selten. Knapp 4000 Exemplare gibt es weltweit – sie leben an der Ostküste der Südinsel Neuseelands und auf einigen subantarktischen Inseln. Hoihos, wie sie mit dem Maori-Namen heißen, sind Eigenbrötler, sie leben am liebsten wie die Neuseeländer: Im eigenen Haus und mit so viel Land, dass man keine Nachbarn sieht. Der kleine blaue Pinguin ist mit 18 Zentimetern Höhe der kleinste der Welt. Er nistet an den Küsten, oft unter menschlichen Behausungen. Seine nächtlichen Rufe erinnern an Kindergeschrei und rauben, vor allem zur Brutzeit, allen Nichtpinguinen im weiten Umkreis den Schlaf. Blaue Pinguine sind gesellig – die Kolonie von Oamaru hat im Januar bis zu 150 Mitglieder.

An der Straße von Oamaru nach Dunedin liegt der Totara Estate. Diese historische Großfarm spielte 1882 eine Rolle bei Neuseelands ersten Exporten von Gefrierfleisch nach Europa. Die Kühlaggregate auf dem Schiff »Dunedin« fingen damals zwar mehrfach Feuer, aber schließlich kamen die Lammkeulen doch in essbarem Zustand in London an. Die agrarische Heldentat begründete eine Industrie, mit der Neuseeland heute noch etwa drei Milliarden Euro im Export verdient.

WENN EULEN SCHREIEN

Janet Frame (1924–2004), die bekannteste Dichterin Neuseelands, hat ihre Jugend in Oamaru verbracht. Sie hat das Städtchen als »Waimaru« in ihrem ersten Roman »Owls do cry – Wenn Eulen schreien« – verewigt (1957). Frames Jugend war tragisch: Sie lebte mit Eltern, drei Schwestern und einem Bruder in Armut. Der Bruder litt an Epilepsie, zwei der Schwestern ertranken. Die 23-Jährige bat nach einer Krankheit in einer psychiatrischen Klinik um Aufnahme. Dort wurde sie acht Jahre lang mit Elektroschocks behandelt. Die Geschichte ist in ihrer Autobiografie »Ein Engel an meiner Tafel« nachzulesen. Frames Zeit in Oamaru kann in einem einstündigen Spaziergang nacherlebt werden, der auch das inzwischen renovierte Wohnhaus der Familie (56 Eden Street) einschließt. Janet Frame Walk, Oamaru Information Centre, 1 Thames Street, Tel. (03) 434 1656, www.visitoamaru.co.nz.

WEITERE INFORMATIONEN

Besucherinformation: Oamaru Information Centre, Oamaru, 1 Thames Street, Tel. (03) 434 1656, www.visitoamaru.co.nz, Totara Estate Centennial Park, State Highway, 1,8 km südl. von Oamaru, Eintritt: 8 Euro, Tel. (03) 434 7169, www.totaraestate.co.nz

Die Südinsel

36 Moeraki

Bei den Murmeln des Teufels

Südlich von Oamaru liegen Dutzende Steinkugeln an der Pazifikküste, bis zu vier Meter hoch und viele Tonnen schwer. Diese Moeraki Boulders sind in allen Reiseführern zu finden und werden deshalb im Stundentakt besucht. Wer die weitere Umgebung mit einbezieht, findet eine Maori-Festung, Walfängergeschichten und in Trotters Gorge eines der wenigen unzerstörten Waldstücke von Nordotago.

Die Moeraki Boulders sind nur noch eine Autostunde von Dunedin entfernt. Hier kündigt sich im Himmel und Meer nun schon der tiefe Süden an. Dunkle Wolken, mystisches Licht und gewalttätige Brandung bilden den perfekten Hintergrund – wozu, ist nicht eigentlich klar.

Der Maori-Tradition zufolge entstanden die Steinkugeln von Moeraki vor etwa 1000 Jahren. Damals kenterte vor der Küste das Kanu »Te Arai Te Uru«, beladen mit Süßkartoffeln. Vorratskörbe wurden an Land gespült und sind dort versteinert. Zur Erinnerung an das Ereignis trägt die Küste bis heute den Namen des Bootes und der Strand heißt Te Kahinaki, die Vorratskörbe.
Die Legende ist nicht nur Fantasterei. Die Maori hatten vor dem Kontakt mit den Weißen keine Schrift – alle historischen Begebenheiten wurden als verbale Traditionen weitergegeben. Eingängige Erklärungen für merkwürdige Landschaftsformen halfen dem Erinnerungsvermögen nach.
Westliche Wissenschaft sieht die Sache mit den Steinkugeln natürlich nüchterner. Die Moeraki Boulders wurden vor 60 Millionen Jahren auf dem Meeresboden aus Ablagerungen von Kalksalzen geformt, ähnlich wie sich eine Perle bildet. Seither hat sich das Land gehoben – deshalb liegen die Kugeln heute am Strand. Die Erosion lässt sie zerfallen, legt aber auch weitere Exemplare in den strandnahen Klippen frei.

Moas, Seelöwen und Pinguine
Das Gebiet um die Moeraki Boulders ist für neuseeländische Verhältnisse altes Kulturland – polynesische Siedler waren hier seit dem 13. Jahrhundert etabliert. Sie nahmen die bittere Kälte auf sich, weil sie zunächst riesige Herden von Moas vorfanden. Die Moas, verwandt mit Emu und Strauß, waren bis zu drei Meter hoch und damit die größten Laufvögel der Erde. Als strikte Vegetarier und ohne schlechte Erfahrungen im Umgang mit Menschen wurden die Moas der andauernde Festtagsschmaus der Maori, bis sie vor etwa 500 Jahren ausgerottet waren.
Maori zogen daraufhin entweder nach Norden oder an die Küsten, wo das

Moeraki

Meer reiche Nahrung bot – auf dem Menüplan standen neben Seelöwen und Fischen auch Kormorane, Hunde, Pinguine und Enten. Die Stämme siedelten vor allem auf Halbinseln, die gute Sicht boten und leicht zu verteidigen waren. Ein großes befestigtes Dorf, von den Maori »Pa« genannt, lag südlich der Moeraki Boulders auf der Halbinsel am Katiki Point. Hier findet man heute ein historisches Schutzgebiet, das DOC und Maori gemeinsam verwalten. Man kann die Struktur der Siedlung noch erkennen: Sie lag, durch einen Graben und Palisadenzaun geschützt, am Ende der Halbinsel. Auf 30 künstlich angelegten Terrassen standen kleine Häuschen (3 m x 3 m). Eine Süßwasserquelle half, auch lange Belagerungen durchzustehen. Und Krieg gab es oft, denn ab 1700 begann ein Stamm von der Nordinsel, Ngai Tahu, die Hausherren, Ngati Mamoe, zu verdrängen.

Auch Weiße haben interessante Spuren an der Halbinsel hinterlassen. Walfänger kamen als erste Siedler um 1836 hierher, ihnen folgte bald die übliche Mischung aus Händlern, Missionaren und Fischern. Ein erhalten gebliebener historischer Leuchtturm auf der Katikihalbinsel wies ihnen ab 1878 den Weg. Heute wird Moeraki immer mehr seinem Maori-Namen gerecht. Er bedeutet: ein Platz, wo man tagsüber rastet.

Wer ein exquisites Plätzchen für ein Picknick sucht, sollte die nahe Trotters Gorge besuchen. Die Schlucht wurde bereits 1865 zum Naturschutzgebiet erklärt. Hier findet man auf 152 Hektar steile Sandsteinklippen, klare Wildbäche und regenerierenden Wald. Otago hat 230 gefährdete endemische Pflanzenarten, viele von ihnen – wie den höchst seltenen kleinwüchsigen Baum Hectors Tree Daisy – findet man in dem Naturschutzgebiet. Unter den Vögeln wird man vor allem die massive Waldtaube Kereru, den nektarverliebten Tui und den neuseeländischen Falken (Karearea) zu sehen bekommen.

FLEURS PLACE

Es gibt Spitzenrestaurants, die man ohne Hilfe nie finden würde. Und selbst wenn man sie findet, geht man nicht hinein – und ärgert sich ein Leben lang. »Fleurs Place« im Fischerdorf Moeraki ist eines davon. Es steht direkt am Meer, an der alten Mole und wirkt, gebaut aus Strandgut aus dem ganzen Land, windschief. Drinnen empfängt einen eine warme, legere Atmosphäre, die sich aus hellem Holz, hervorragender Küche und zufriedenen Gästen ergibt. Besitzerin Fleur Sullivan bietet Kompositionen aus frischestem Fisch und Muscheln, und was sie hinterm Haus anbaut: organische Kräuter etwa und eine dunkelblaue Maori-Kartoffel. Reservieren.
»Fleurs Place«, At the Old Jetty, Moeraki, Otago, Tel. (03) 439 4480,
www.fleursplace.com

Die Südinsel

37 Dunedin

Schottischer Charakterkopf

Die Stadt im tiefen Süden haben schottische Presbyterianer gegründet: Es waren ernste, sparsame Menschen. Das gibt der Stadt bis heute einen soliden Grund und eine etwas spartanische Würde. Der Glanz der frühen Goldrauschtage und die Betriebsamkeit einer lebendigen Universitätsstadt machen Dunedin zur vielleicht interessantesten Stadt Neuseelands.

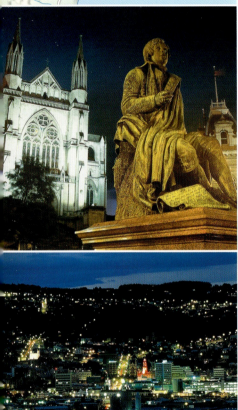

Ganz oben: Der schottische Nationaldichter Robbie Burns sitzt für immer auf Dunedins Hauptplatz Octagon. Spötter sagen, seine Körpersprache – den Rücken zur Kirche, den Blick auf die Kneipen – sei kein Zufall. Oben: Dunedin von der Otago Halbinsel aus gesehen. Rechts: Ein Mosaik aus Royal Doulton Porzellan ziert die Bahnstation.

Dunedin kann seinen schottischen Charakter nicht verleugnen. Es hat einen gälischen Namen, ein sommerloses Wolkenklima und beherbergt die einzige Whisky-Destillerie (Wilsons) sowie den letzten Kiltproduzenten des Landes. Dudelsack-Gruppen spielen zu festlichen Gelegenheiten auf, wo gefüllter Schafsmagen namens »Haggis« als Delikatesse nicht fehlen darf.

Sparsamkeit kann man der zweiten Stadt der Südinsel mit 118 000 Einwohnern allerdings nicht nachsagen – in Goldrauschtagen ist großzügig gebaut worden. Dunedin denkt gern an seine Glanzzeit zurück und hat auch deshalb viele der schönen Bauten im viktorianischen und edwardianischen Stil erhalten. Das Leben kommt heute von mehr als 20 000 Studenten.

Der tiefe Süden Neuseelands ist trotz seiner feuchten Kühle seit langer Zeit besiedelt. Um 1800 kamen Robben- und Walfänger in die Region. Sie waren den Maori herzlich wenig willkommen. 1817 erkannten Maori an dem Ort, der heute noch Murdering Beach heißt, im Schrumpfkopfsortiment eines weißen Händlers ihre Verwandten und brachten daraufhin drei Weiße um. Als Vergeltung ließ der Kapitän ihres Schiffes ein Massaker anrichten, dem an die 70 Maori zum Opfer fielen. Schlimmer noch als die Gewalt wüteten Masern und andere eingeschleppte Krankheiten. Heute ist von der alten Maori-Siedlung Otakou wenig geblieben: Ihr Name hat sich allerdings als Otago auf die Halbinsel vor Dunedin und die gesamte Provinz übertragen.

Religiöser Eifer

In Schottland spalteten sich im 19. Jahrhundert die Presbyterianer. Ein Teil begann davon zu träumen, in Neuseeland eine neue Siedlung zu gründen, in der »Frömmigkeit, Redlichkeit und Fleiß« an erster Stelle stehen sollten. Diese Idee führte zur planmäßigen europäischen Besiedlung Otagos. Die Köpfe der Bewegung waren William Cargill, ein Veteran des Napoleonischen Krieges gegen Spanien, und Thomas Burns, ein

Die Südinsel

Neffe des schottischen Nationaldichters Robert Burns.
Otago wurde den Maori für 2400 Pfund abgekauft. Das bare Geld nahmen drei Häuptlinge entgegen, zwei von ihnen, Taiaroa und Karetai, liegen in Otakou begraben. Im März 1848 landeten die Schiffe *John Wickliffe* und *Philip Laing* mit 300 schottischen Pionieren an der Bucht. Sie nannten ihre Siedlung zunächst New Edinburgh, bald verfiel man aber auf den älteren, gälischen Namen Edinburghs – Dunedin, »Eden auf dem Hügel«.

Den Stadtplan hatten sich die Gründer aus 19 000 Kilometer Entfernung zurechtgelegt: Wie in Edinburgh gab es da ein achteckiges Zentrum namens Octagon, eine Princess und George Street und einen Moray Place. Auf die tatsächliche Lage der Bucht, ihre Engen und Hügel, hatte niemand Rücksicht genommen. Das führte zunächst, als der Aufbau begann, zu erheblichen Schwierigkeiten. Aber die Siedler blieben stur und trotzten ihre Wunschstadt dem oft steilen Buschgebiet ab. Diese Sturheit ist mit ein Grund dafür, dass Dunedin heute – sagt der Guinness – die steilste Straße der Welt hat: Die Baldwin Street steigt an einer Stelle je 2,86 Meter Länge um einen Meter an (35 %).

Goldene Zeiten

Als man 1861 in Otago Gold fand, begann auch die Hauptstadt der Provinz stark zu wachsen. Binnen zwei Jahren schwoll die Bevölkerung von Otago von 12 000 auf 60 000 Menschen an – allein 35 000 davon waren zugewanderte Goldgräber. Mit ihnen kam auch das Flair des »Wilden Westens«: Saloons, Spielhöllen, Bordelle. So entwickelte sich Dunedin rasch zum Finanzzentrum des Landes, internationale Firmen ließen sich nieder, Industrie und Privatunternehmen florierten. Hier entstand die erste Universität, hier fuhr die erste elektrische Straßenbahn, man baute die erste Standseilbahn außerhalb der USA, die erste Wollspinnerei und druckte die erste Tageszeitung.

25 Jahre ging das so, Dunedin setzte die Maßstäbe, denen der Rest Neuseelands folgte, bis das Gold »zu Ende« war. Wirtschaftliche und klimatische Vorteile des Nordens beschleunigten den Niedergang. Dunedin hielt und hält bis heute dagegen. Man hat die Universität erweitert sowie in die Pädagogische Hochschule und diverse Fachschulen investiert.

Die University of Otago in Dunedin gilt als beste Hochschule im Land. Deshalb kommen Studenten aus ganz Neuseeland zum Studium hierher. Sie sind eindeutig der Lebensatem der Stadt, verschwinden aber während der Hauptreisezeit zwischen November bis Februar in ihre Sommerferien. Im Alltag werden Studenten in Dunedin umworben (von Wirtshäusern, Pizzaverkäufern und Bierfirmen) und von Herbergsvätern ausgebeutet. Weil es zu wenig annehmbare Quartiere gibt, können Vermieter für moderige Löcher 250 Euro pro Zimmer und Monat verlangen. Die Studenten revanchieren sich durch rituelle Couchverbrennungen, wurmstichiges Interieur wird auf die Straße geschleift, mit Benzin übergossen und angezündet. Der ausgeprägte Individualismus der Stadt lässt auch viel interessantes Design entstehen. An der Hauptstraße George

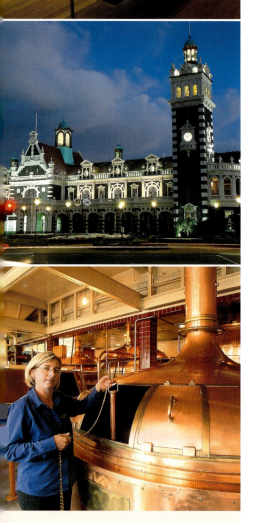

Ganz oben: Die Stadtgalerie Dunedin zeigt eine wertvolle Sammlung neuseeländischer Malerei. Mitte: Der Bahnhof brachte seinem Architekten den Spitznamen »Lebkuchen George« ein. Oben: Die Brauerei Speights ist für ihr Altbier bekannt. Rechts: In Olveston Haus, der Villa des Geschäftsmannes David Theomin, ist die Zeit stehengeblieben.

Dunedin

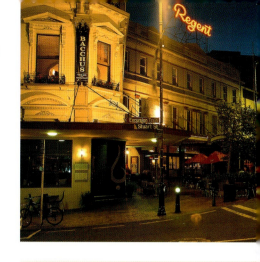

Street und in ihren Nebenstraßen findet man interessante Mode und Schmuckauslagen. Die Strickfirma NomD liefert ihre Modelle in alle Welt. Viel wird über die Architektur Dunedins geschrieben. Sie ist für neuseeländische Verhältnisse bemerkenswert. Einen Vergleich mit europäischen Baudenkmälern halten aber nur wenige Bauwerke stand.

Stadtrundgang

Am Hauptplatz, dem achteckigen Octagon, findet man eine Reihe von Restaurants und nützlichen Gebäuden. In den Municipal Chambers, dem alten Rathaus, ist nun das Visitor Center untergebracht. Die schöne Stadtgalerie Dunedin Art Gallery beherbergt eine Sammlung von Bildern von Frances Hodgkin, Neuseelands größter Malerin.

Auch der schottische Nationaldichter Robbie Burns hat sein Monument am Hauptplatz der Stadt. Manche lesen aus seiner Haltung zwei Anspielungen heraus: Presbyterianer Burns kehrt der anglikanischen St. Paul's Cathedral den Rücken zu, sein Blick ist auf ein Pub gerichtet.

Richtung Osten gelangt man über die Lower Stuart Street zur Allied Press, den Gerichtsgebäuden und der Polizeistation. Der Bahnhof ist eines der schönsten Steingebäude Neuseelands (Anzac Avenue). Er ist im Stil der flämischen Renaissance gehalten, hat einen 37 Meter hohen Turm und eine überdeckte Auffahrt für Reisende, die mit der Kutsche ankamen. Es lohnt sich hineinzugehen. Der Mosaikboden ist aus 725 760 Royal-Doulton-Porzellanplättchen gefertigt, die Fenster sind zum Teil aus Buntglas. Die Ruhe im Raum unterstreicht seine sakrale Atmosphäre – hier verkehren jeden Tag nur noch Ausflugszüge.

Im Norden der Stadt liegt das Areal der Universität. Die Hauptgebäude stammen von 1870, sind mit Schiefer gedeckt (Cumberland Street). In der Parallelstraße Great King Street befindet sich das Otago Museum. Hier sind vor allem die Maori- und Naturabteilungen interessant präsentiert und besuchenswert.

TAIERI GORGE RAILWAY

Die Eisenbahnen sind in Neuseeland ab 1990 nach und nach stillgelegt worden. Ein Teil der 235-km-Strecke von Dunedin ins Hinterland von Zentralotago ist durch Privatinitiative gerettet worden. Mit Bürgerspenden und Stadthilfe hat ein Verein die 60 Kilometer lange, malerische Strecke von Dunedin durch die Taieri-Schlucht nach Middlemarch gekauft. 50 Jahre alte Dieselloks mit noch älteren Waggons rattern hier durch zehn Tunnels und über Viadukte: Der von Wingatui ist 197 Meter lang, 47 Meter hoch und damit das größte Bauwerk aus Schmiedeeisen in Neuseeland. Aussichtsplattformen in den Waggons und 50 Stundenkilometer garantieren Fotografenglück. Die weitere Strecke von Middlemarch nach Clyde ist Wander- und Radweg.

The Dunedin Railway Station, Anzac Square, Dunedin, Tour hin und zurück Euro 35, Tel. (03) 477 4449, *www.taieri.co.nz*.

WEITERE INFORMATIONEN

Visitor Canter, Tel. (03) 474 3300, *www.cityofdunedin.com*
Dunedin Art Gallery, Tel. (03) 373 3240, Eintritt frei, Sonderaustellungen ausgenommen.
Oatago Museum, Tel. (03) 474 7474, *www.otagomuseum.govt.nz*

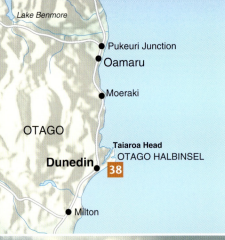

Die Südinsel

38 Halbinsel Otago

Tragische Schlossherren, seltene Pinguine

Die herrliche Halbinsel von Otago erwartet Besucher mit Geschichte, Gärten und außergewöhnlichen Naturerlebnissen. Zu den Höhepunkten gehören ein Besuch in Neuseelands einzigem Schloss, Larnach's Castle und Begegnungen mit außergewöhnlichen Tieren: An den Taiaroa Heads findet man die weltweit einzige Kolonie von Königsalbatrossen auf dem Festland.

Die Halbinsel Otago schützt einen 20 Kilometer langen, seichten Fjord vor den Brechern des Südpazifiks. Auf dem Wasserweg, der sich wie ein langer Finger schräg in die Küstenlinie bohrt, segelten früher Maori-Kriegskanus, Walfänger und Dreimaster, Fähren verbanden die Stadt mit der vorgelagerten Halbinsel.

Heute ziehen Containerschiffe und Küstenhandelsboote zum Hafen Dunedins in Port Chalmers. Auch Kreuzfahrtschiffe legen hier für einen Tag an. Die schicke Jacht »Southern Spirit« nimmt Touristen und Angler mit auf See. Wild Earth Adventures besucht die Naturschönheiten der Halbinsel in seegängigen Kajaks. Die meisten Besucher erforschen die Halbinsel per Auto. Man erreicht zuerst Glenfalloch, ein elf Hektar großes Gartenareal mit Herrenhaus (10 km, tagsüber offen, Eintritt frei). In Broad Bay (16 km) kann man die Kunstschmiede von Garey Guy besuchen (Chestnut Tree Forge, Tel. (025) 488 478). Das Museum in Portobello ist interessant, aber nur sonntags geöffnet. Nahebei liegt das NZ Marine Studies Centre and Aquarium, wo sich sechs Meter lange Haie, winzige Garnelen, Seepferdchen, Tintenfische und Pinguine tummeln (12–16:30 Uhr, Eintritt, Tel. (03) 479 5826).

Die Maori-Kirche und das Versammlungshaus in Otakou (26 km, Tamatea Road) sehen zwar aus wie geschnitzt, sind aber aus Beton gegossen. Im Friedhof dahinter liegen drei Maori-Häuptlinge des 19. Jahrhunderts begraben, der kriegerische Taiaroa, Ngatata, ein Häuptling aus dem Norden, sowie Karetai, der Christ wurde und den Kannibalismus aufgab.

Wieder am Ufer des Hafenbeckens stößt man auf ein paar Überbleibsel der 1831 gegründeten Walfangstation der Brüder Weller. Walfänger bevorzugten Häfen als Operationsgebiet. Gelang es ihnen, ein Walkalb zu harpunieren und in den Hafen zu ziehen, so wussten sie, die Herde würde folgen und den Walfängern die zeitraubende Beutesuche auf hoher See ersparen.

Oben: Der seltene Gelbaugenpinguin (Hoiho) kommt nur im Süden Neuseelands in bewohntes Gebiet, die meisten der 4000 Exemplare leben auf Inseln wie Campbell Island nahe der Antarktis.
Rechts: Die Otago Peninsula endet in den Tairoa Heads. Wilde Winde dienen hier der weltweit einzigen Festlandskolonie von Königsalbatrossen als Starthilfe.

Die Südinsel

Ganz oben: Die neuseeländischen Seelöwen wurden um 1800 durch Jagd fast ausgerottet. Strenger Naturschutz hat ihre Zahl an Neuseelands Küsten wieder auf 10.000 anwachsen lassen. Oben: Albatrosse kommen nur an Land, um zu brüten und leben sonst auf See.
Rechts: Hoopers Inlet ist Teil der Otago-Halbinsel.

In der Heimat der Albatrosse

Heute dient Wellers Rock Naturfreunden als Einsteigeplatz. Die *MV Monarch* ist ein altes Motorschiff aus Holz, das Touristen zu den Vogelnistplätzen an den Taiaroa Heads bringt Zum Service gehören ein fundierter englischer Kommentar, winddichte Jacken und ein Feldstecher.

Auf den Klippen an den Taiaroa Heads nisten insgesamt 10 000 Seevögel. Neben Kormoranen und kleinen blauen Pinguinen findet man auch Königsalbatrosse in ihrer einzigen bekannten Festlandskolonie. Die eleganten Segler haben schmale Schwingen mit bis zu drei Metern Spannweite. Ein erwachsener Albatross erreicht Geschwindigkeiten von bis zu 110 Stundenkilometer und fliegt durchschnittlich 190 000 Kilometer im Jahr. Eine spezielle Flügelhaltung erlaubt den Tieren, die Schwingen zu fixieren und so im Flug zu schlafen. Albatrosse verbringen den meisten Teil ihres Lebens auf dem Meer. Sie können auf dem Wasser landen, brauchen aber ruhige See, um wieder starten zu können. Ein Filtersystem im Schnabel erlaubt es ihnen, Salzwasser zu trinken. Alle zwei bis drei Jahre kehren Königsalbatrosse an die Taiaroa Heads zurück, um zu brüten. Da die Vögel sich auf Lebensdauer paaren, sind die Rituale der Annäherung komplex und interessant. Wie bei den Menschen beginnt es mit scheuem Beobachten und dem Versuch, Eindruck zu schinden. Jungvögel unternehmen Kunstflugmanöver, erst einzeln, dann synchron, Paare, die einander wiedersehen, werfen sich in die Brust, recken den Kopf gegen den Himmel und reiben die Hälse gegeneinander. Der Endzweck der Prozedur ist ein Ei, alle zwei Jahre, aus dem nach elf Wochen, im Februar, ein Küken schlüpft. Vater und Mutter fliegen bis zu 2500 Kilometer ins offene Meer hinaus, um genug Nahrung für das unersättliche Jungtier zu sammeln. Ende September sind die Eltern erschöpft, die Jungen elf Kilogramm schwer und flügge – sie werden erst in vier Jahren zurückkehren, um

Halbinsel Otago

selbst zu brüten. Albatrosse werden alt: Ein weiblicher Vogel mit dem Spitznamen »Grandma« wurde bereits 1947 beim Brüten mit einem Ring versehen und kehrte bis 1990 immer wieder zurück.

Vom Boot aus hat man oft den besten Blick auf den Flug der Vögel. Man kann sie aber auch am Ende der Straße an den Taiaroa Heads beobachten. Hier steht das Royal Albatross Centre. Das Zentrum bietet viel Information und veranstaltet gegen Eintritt Führungen zur Kolonie auf den Felsen und dem Fort Taiaroa, einer kleinen Festungsanlage. Am nahen Pilot Beach kann man eine Seehundkolonie beobachten.

Besuch bei einem Eigenbrötler

Nahe des Landungsstegs bei Wellers Rock liegt auch der Zugang zur zweiten großen Attraktion der Halbinsel: Am Penguin Place (Zutritt nur mit Führung, Eintritt etwa 20 Euro) kommt man dem seltenen Hoiho (Gelbaugenpinguin, *Megadyptes antipodes*) nahe. Der zweitgrößte Pinguin der Welt reicht Menschen bis ans Knie und liebt die Einsamkeit. In Neuseeland sind die Nistplätze während der letzten 30 Jahre stetig zurückgegangen. Die Hauptgründe: Farmen haben Buschland in Küstennähe für Weideland gerodet, Marder, Wiesel, Katzen und Hunde fressen die Küken. Ein Farmer versucht das zu ändern. Howard McGrouther hat auf seinem Küstenland mit Helfern Bäume angepflanzt, Unterstände für Hoihos gebaut und schließt die natürlichen Feinde aus. Zoo ist es keiner: Die Pinguine kommen und gehen, wie sie wollen, und werden nicht gefüttert. Um die Arbeit zu finanzieren, hat McGrouther auch ein Netz von Laufgräben angelegt, mit deren Hilfe zahlende Besucher sich in der Kolonie frei bewegen können. Hoihos sind in der Brutzeit ganztags zu sehen (Oktober bis Mitte Februar), sonst liegt die beste Zeit zum Besuch in der Abenddämmerung, wenn die Gelbaugenpinguine aus dem Meer kommen und zu ihren Nestern watscheln.

LARNACH'S CASTLE

Auf der Halbinsel Otago liegt Larnach's Castle, Neuseelands einziges Schloss. Der Bankier William J. M. Larnach ließ es ab 1871 bauen, um seiner ersten Frau, Tochter eines französischen Herzogs, einen standesgemäßen Wohnsitz zu bieten. 200 Arbeiter bauten drei Jahre an der Schale, Kunsthandwerker aus Europa verschönten zwölf Jahre lang das Innere.

Larnach, auch Finanzminister der jungen Kolonie, erschoss sich 1898 von Ehekrisen und Spekulationsverlusten erschüttert. Das Gut wurde verkauft, das Schloss verfiel. Jetzt ist der frühere Glanz zurückgekehrt Hausgäste können gegen Voranmeldung ein stilvolles Dinner im Schloss genießen. (Eintritt 13 Euro, Übernachtung für zwei Personen 130 Euro, Tel. (03) 476 1616, www.larnachcastle.co.nz).

WEITERE INFORMATIONEN

Wild Earth Adventures: Tel. (03) 473 6535, www.wildearth.co.nz;
Taiaroa Heads: Monarch Wildlife Cruises Ltd., »MV Monarch«, Wellers Rock, Tel. (03) 477 4276, www.wildlife.co.nz;
Royal Albatross Centre: Tel. (03) 478 0499, www.albatross.org.nz;
Penguin Place: Tel. (03) 478 0286, www.penguin-place.co.nz

Die Südinsel

39 Queenstown

Im St. Moritz der Südhalbkugel

Die Lage von Queenstown ist spektakulär, und so ist auch das Angebot der Stadt. Junge Leute jeden Aiters heben ihre Adrenalinspiegel mit Bungeespringen, Wildwasserrafting oder Skydiving. Wer es geruhsam mag, fährt mit einem alten Dampfer auf dem See oder lässt sich per Gondel zu atemberaubenden Rundblicken emporbringen. Nicht raffiniert genug? Wie wär es dann mit einem Heliflug und anschließendem Champagnerfrühstück bei Sonnenaufgang auf dem Gipfel eines Dreitausenders?

Queenstown liegt im Zentrum, nicht nur der Provinz Otago, sondern aller Reisen nach Neuseeland. In knapp 30 Jahren hat sich der ehedem schläfrige Ort am Ufer des Wakatipusees zu einem internationalen Resort mit ebensolchem Flughafen gemausert, eine Metamorphose, so schnell und so gründlich, dass sich Neuseeländer manchmal fragen, ob sie hier noch zu Hause sind. Aber auch sie kommen in hellen Scharen in das St. Moritz der Südhalbkugel.

Goldene Geschichte

Die europäische Ära von Queenstown und Otago begann mit Schaffarmen. Das sagt sich kurz und einfach. Dahinter verbergen sich heroische Kämpfe gegen Schneemassen im Winter, Überschwemmungen im Frühjahr, Flächenbrände in der sommerlichen Dürre und Plagen wie wilde Hunde, Ratten und Kaninchen. Straßen gab es kaum, Brücken gar nicht – Flussüberquerungen waren lebensgefährlich. Dazu kamen Hunger, Barackenlager und harte Arbeit von früh bis spät. Und das alles für ein Stück eigenen Grund und Boden und vielleicht 20 Jahre später für einen bescheidenen Wohlstand.

Bei Queenstown hatten sich um 1860 zwei Pioniere angesiedelt: William Rees und Nikolaus von Alderflug und Tunzelmann, angeblich ein leiblicher Sohn des russischen Zaren, etablierten Schaffarmen am See Wakatipu. Ein Goldfund beendete die Idylle: 1862 sprangen zwei Maori-Schafhirten in den Fluss Shotover, um ihren Hund vor dem Ertrinken zu retten. Sie kamen mit elf Kilogramm Gold aus dem Wasser – nach heutigem Wert etwa 165 000 Euro. Das machte den Shotover zum reichsten Goldfluss der Welt und brachte Tausende Glücksritter und Abenteurer nach Queenstown.

Ganz oben: Der Shotover River bei Queenstown bot Goldsuchern vor 150 Jahren mehr Gold als jeder andere Fluss der Welt. Oben: Angetrieben von einer Dampfmaschine verkehrt die restaurierte *TSS Earnslaw* auf dem See Wakatipu. Rechts: Der Blick nach Süden von Queenstowns Hausberg Bobs Peak reicht bis zum Skigebiet der Remarkables.

Die Südinsel

Die Schlucht des Kawarau

Die Hauptstraße nach Queenstown folgt ab Cromwell der malerischen Schlucht des Kawarau. Hier informiert ein Freiluftmuseum (Kawarau Gorge Mining Centre) auf einem ehemaligen Goldfeld über die gefährliche Arbeit der Goldsucher: Die Originalmaschinen funktionieren mit Wasserdruck: eine Felsbrockenstampfe, deren Metallkolben Gestein zerkleinern, ebenso wie eine Wasserkanone, die das Geröll vom Berghang schießt.

An einer alten Brücke über den Kawarau hat der Erfinder des kommerziellen Bungeespringens, A. J. Hackett aus Queenstown, sein Mutproben-Imperium begonnen. Es floriert nach wie vor. Alle paar Minuten stürzt sich ein Mensch ins Leere, geknipst und gefilmt von Menschentrauben, die von zwei Plattformen aus die Sprünge genießen.

Der Ort selbst wirkt auf den ersten Blick geradezu verträumt. Er liegt am schönsten Punkt des über 80 Kilometer langen Lake Wakatipu; Die Häuser wachsen sanfte Berghänge hinauf, eine bewaldete Halbinsel schiebt sich weit in den See vor. Den Überblick verschafft man sich vom Bob's Peak aus, einem steilen Aussichtsberg im Ortszentrum.

Die Hausberge von Queenstown heißen Remarkables, die Bemerkenswerten. Das hat zwei Gründe: Zum einen sind die schroffen Flanken wild und malerisch, zum anderen sind sie als einziges Gebirge Neuseelands exakt nach Nord-Süd ausgerichtet.

Der Wakatipu dürfte der eindrucksvollste See Otagos sein. Seine komplexe Form, sein rhythmisches »Atmen« und seine Kälte hat die Menschen immer beschäftigt. Der Maori-Legende zufolge ist der See das »Loch des Riesen« (Whakatipua). Danach sei er entstanden, als ein Jüngling rund um einen schlafenden Riesen Feuer legte, um seine gefangene Braut zu retten. Der Riese erstickte im Qualm und starb, die Beine im Schmerz angezogen. Sein Fett brannte seine Form in den Boden, Hitze breitete sich aus, auf den umliegenden Bergen schmolzen Eis und Schnee und füllten die Grube mit Wasser. Das Herz des Riesen, so die Legende weiter, habe nie aufgehört zu schlagen, und im Rhythmus der Schläge steige und falle der Wasserpegel des Sees bis heute. Tatsächlich entstand Wakatipusee, wie andere Alpenseen auch, durch geschmolzene Gletscher. Das merkwürdige Steigen und Fallen des Wasserspiegels alle fünf Minuten ist jedoch nicht auf den Herzschlag des Riesen zurückzuführen, sondern die Folge von Luftdruckschwankungen, sagen die Wissenschafter.

Queenstown gilt zu Recht als St. Moritz der Südhalbkugel. Man serviert tagsüber Adrenalin und abends Alkohol. Im Winter bringen vor allem Direktflüge aus Australien Winterurlauber. Skifahrer und Snowboarder vergnügen sich dann auf den vier Skigebieten der Umgebung.

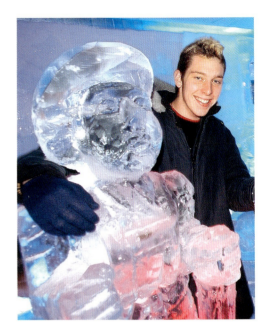

Queenstown

Für Seerundfahrten steht *TSS Earnslaw* bereit, ein ehrwürdiger, perfekt restaurierter Dampfer, der seit 1912 über den Lake Wakatipu gleitet. Das 50 Meter lange Dampfschiff mit Kohlefeuerung besucht die Walter Peak Station, eine Merinoschaffarm am anderen Seeufer. Queenstown hat zwei große Skigebiete am Coronet Peak und in den Remarkables. Im Bezirk bieten sich weitere Möglichkeiten für Langläufer und Skifahrer, und zwar in Browns Basin, am Mount Cardrona und Mount Pisa. Die Skisaison dauert gewöhnlich von Juli bis September. Im Sommer kann man mit dem Sessellift auf den Gipfel des Coronet Peak (1645 Meter) fahren, von dem man eine herrliche Aussicht hat.

Schön ist auch ein Tag hoch zu Ross. Mit Backcountry Saddle Expeditions bereitet man das alpine Tal zwischen Wanaka und Queenstown stilgerecht auf Westernsattel und Appaloosapferd. Arrowtown, etwa 20 Kilometer von Queenstown entfernt, ist die malerischste Goldsucherstadt in Otago und bietet neben einem interessanten Siedlermuseum gute Läden und Restaurants. Von den ungefähr 80 Goldfeldern, die hier entstanden und innerhalb eines Jahrzehnts wieder verschwanden, ist allerdings kaum noch etwas zu sehen. Zwei Geisterstädte liegen auf den Hügeln oberhalb von Arrowtown, eine davon, Macetown, kann man mit einer Allradtour erreichen.

In der Angelsaison (1. Oktober bis 31. Juli) kann man sich per Jetboot, Helikopter oder Geländewagen zu entlegenen einsamen Bächen und Flüssen bringen und nach erfolgreichem Fang wieder abholen lassen. Professionelle Angelhilfe kostet ab 100 Euro pro Tag, ein Helikopterflug in unzugängliches Gelände ab 200 Euro. Erfolgsraten solcher Ausflüge sind deutlich höher als Versuche auf eigene Faust. Four Seasons Safaris veranstalten Touren.

DEM GOTT DER GOLFER NAHE

Neuseeland hat einige der schönsten Golfplätze der Welt – und sie sind leichter zugänglich als anderswo. Ein luxuriöses Angebot bietet Millbrook Resort bei Arrowtown, ein schön gelegenes, exklusives Golfhotel mit einem 18-Loch-Platz, wo auch schon Bill Clinton den Schläger geschwungen hat. Ein Drei-Tage-Kurs mit einem Golfprofi kostet 400 Euro. Natürlich kann man in Millbrook auch recht angenehm wohnen. Die kleinsten Räume im Village Inn haben 50 Quadratmeter. Wer sich gerne etwas ausbreitet, sollte eine Stream Seven Villa bestellen – für 4 Schlafzimmer und 270 Quadratmeter Wohnfläche bezahlt man 800 Euro pro Nacht. Millbrook Resort, Malaghans Rd, Arrowtown, Tel (03) 441 7000, *marketing@millbrook.co.nz*

WEITERE INFORMATIONEN

Überblick vom Bob's Peak aus: Skyline Gondola, Brecon St., Eintritt, Tel. (03) 441 0101, *www.skyline.co.nz*;
Seerundfahrten mit der *TSS Earnslaw*, Tel. (03) 2497416, *www.realjourneys.co.nz*;
Angeln: Four Seasons Safaris, 3 Cameron St., Mt. Hutt, Canterbury, Tel. (03) 302 9105, *www.hunting.fishing.co.nz*
Reiten: Backcountry Saddle Expeditions, Cardrona, RD1, Wanaka, Tel (03) 443 8151

Die Südinsel

40 Der Reisehöhepunkt

Majestät Milford

Milford Sound ist ein gewaltiger, wüster, herrlicher Platz: Der spektakuläre Fjord gilt zu Recht als Höhepunkt jeder Neuseelandreise. Die unverfälschte Wildnis, in der tiefgrüner Regenwald, Wasserfälle und blanker Fels dominieren, machen den Betrachter zum staunenden Zwerg. Schon die Zufahrt, eine asphaltierte Straße, die von Te Anau 120 Kilometer weit bis an den Sound reicht, gilt als eine der schönsten Bergstrecken der Welt.

Ganz oben: Die Bowen Falls haben eine Fallhöhe von 159 Metern – in den Dimensionen von Milford wirken sie niedlich. Oben: Eine Vielzahl großer und kleiner Ausflugsboote erschließt Milford jedes Jahr etwa 500 000 Besuchern. Rechts: Die Straße nach Milford erschließt wunderbare Blickpunkte wie diesen über das Hollyford-Tal.

500 000 Menschen besuchen den Milford Sound jedes Jahr – viel für Neuseeland, wenig verglichen mit Schloss Schönbrunn oder Salzburg. Viele kommen zu Tagesausflügen – was die Hauptbesuchspunkte im Nationalpark in der Reisezeit (November bis April) zwischen 11 und 15 Uhr zu einem Marktplatz machen kann. Das vermeidet, wer entweder bereits frühmorgens von Te Anau startet oder erst am Nachmittag loszieht und in Milford übernachtet. Entlang der Strecke gibt es zumindest zehnmal Grund zu halten.
In den Mirror Lakes (58 km) spiegelt sich die Landschaft manchmal perfekt, The Avenue of the Disappearing Mountain ist eine optische Täuschung – ein Berg scheint zu verschwinden, wenn man auf ihn zufährt. Immer wieder kann man mitten in einem steilen Waldstück blanken Fels erkennen. Es ist das Ergebnis eines hier häufigen Naturphänomens – der Baumlawinen. Sie entstehen, weil die Erdschicht über dem Fels dünn ist, die Hänge steil sind und der Regen gelegentlich sintflutartig ist. Sind Erde und Baumstämme so richtig durchweicht, werden sie manchmal zu schwer, die Wurzeln können das Gewicht nicht mehr halten – Pflanzen und Erde gehen als Lawine ab. Zurück bleibt blanker Fels, der mühsam wieder besiedelt und erst nach etwa 100 Jahren wieder Büsche tragen wird.
Am Marian Camp geht eine Stichstraße zum Hollyford Valley ab, das sehr schöne Wanderwege – darunter auch den Hollyford Track an die Westküste – und in Gunns Rest eine Übernachtungsgelegenheit bietet. Spazierwege führen einen zu den Humboldt Falls, den malerisch im Wald gelegenen Wasserfällen. Die Straße nach Milford windet sich nun um den massiven Mount Christina (2502 m), mit Ausblicken auf Sturzbäche und das Hollyford-Tal, hinauf zum Talschluss am Homer Tunnel. Hier liegt

Der Reisehöhepunkt

oft im Sommer noch Schnee und man trifft auf Keas. Diese einzigen Bergpapageien der Welt haben ein schönes grünes Gefieder mit orangefarbenen Streifen unter den Schwingen und nichts als Unfug im klugen Kopf: Wenn sich die Gelegenheit bietet, verbiegen sie Autoantennen und ziehen Gummidichtungen aus Windschutzscheiben, Unmutsäußerungen spornen sie an. Keas sind intelligent und verspielt. Die Versuchung ist groß, sie mit Keksen anzulocken. Bitte tun Sie es nicht: Die Gesundheit der Papageien hängt von Vitalstoffen ab, die sie in ihrer natürlichen Nahrung – Beeren vor allem – aufnehmen. Kekse machen Keas krank und schwach.

Der Homer Tunnel ist 1219 Meter lang und stellt die einzige Straßenverbindung an den Milford Sound her. Fünf Arbeitslose mit Hacken und Schaufeln wurden 1935 dazu abgestellt, ihn aus dem rohen Fels zu hauen. 17 Jahre später, nach zahlreichen Lawinen und drei Todesfälle, hat man den Tunnel mit Großmaschinen fertiggestellt. Er wurde seither immer wieder erweitert, schließlich auch asphaltiert und beleuchtet. Auf der Milfordseite wartet ein großartiges Bergpanorama, aber auch ein paar scharfe Kurven gibt es: Die Straße fällt auf zehn Kilometern um 690 Meter ab. Es lohnt sich, am Chasm Walk noch einmal stehenzubleiben. Auf einem bequemen Weg ist in ein paar Minuten ein Naturwunder erreicht: Wasser und Felsbrocken haben aus den Felsen am Cleddau Bach Skulpturen geformt.

Die Straße endet am Milford Sound an einem Bootshafen. Von hier aus starten etwa zehn Boote zu Rundfahrten auf dem Fjord, die bis ans offene Meer führen. Sie zeigen gewaltige Berghänge, prächtige Wasserfälle (Stirling Falls, Lady Bowen Falls) und Trogtäler. Bei gutem Wetter fahren sie ein kleines Stück in die Tasman-See hinaus. Man hat einen Blick auf die Küstenlinie und die Anita Bay, eine Bucht, wo schon die Maori eine spezielle Jadeart gesammelt haben.

ALLES AN BORD

Nur vom Boot aus kann man die gewaltigen Dimensionen des Milford Sound erfassen – entsprechend dicht ist hier das Angebot der beiden Hauptanbieter Red Boat Cruises (Tel. (03) 441 1137, *www.redboats.co.nz*) und Real Journeys (Tel. (03) 249 7416, *www.realjourneys.co.nz*). Es sind im Prinzip drei Arten von Touren: Große Katamarane, die 500 Passagiere fassen, zeigen den Fjord in 90 Minuten; kleinere Boote mit Naturkundlern an Bord verbringen 150 Minuten auf dem Wasser, Seehunde sieht man sicher, Delfine und Pinguine mit ein wenig Glück. Stille fällt gegen Abend über den Fjord, wenn alle Tagesbesucher heimgefahren bzw. weggeflogen sind. Diesen Moment erlebt, wer auf einem Boot übernachtet.

Der Milford Marriner von Real Journeys bietet 60 Gästen Platz. Rundfahrt, Übernachtung, Dinner und Frühstück kosten 150 Euro pro Person in der Zweierkabine mit Bad.

Seine Majestät im Sonnenschein – nur über dem Wahrzeichen Mitre Peak (Bischofsmütze, Bild Mitte) liegt ein Wölkchen. Der Gipfel erhebt sich 1696 Meter direkt aus dem Meer. Milford ist der nördlichste und wohl spektakulärste Fjord im Nationalpark, ein Meisterwerk der Schöpfung, herausgebildet durch Gletscherfluss und die Erosion sintflutartiger Regenfälle.

Ganz oben: Alpenpanorama auf dem Weg nach Milford. Oben: Der Weg zum Doubtful Sound führt über einen See und durch ein Wasserkraftwerk im Berg. Am besten erforscht man den langgestreckten Fjord auf einem kleinen Boot und nimmt sich mehrere Tage Zeit. Viele der kleinen Anbieter kann man bequem über das Internet buchen.

Die Südinsel

41 Fjordland National Park

Das Meisterstück der Schöpfung

Der Fjordland National Park ist mit weitem Abstand der größte – seine 12 000 Quadratkilometer entsprechen etwa der Größe Tirols. Er ist auch das urtümlichste, unberührteste Stück Natur in Neuseeland. Von Gletschern vor 10 000 Jahren geformt und von 500 Jahre alten, immergrünen Südbuchen bestanden, gilt dieses Meisterstück der Schöpfung zu Recht als Weltnaturerbe der UNESCO.

Viele der prachtvollen Landschaften Neuseelands stehen unter Naturschutz. Die strengsten Bestimmungen gelten für Nationalparks und werden von der Naturschutzbehörde DOC mit Eifer kontrolliert und unnachsichtig durchgesetzt. In einem Nationalpark darf ohne Sondergenehmigung nichts gebaut werden, weder Haus noch Straße oder Seilbahn, und jede kommerzielle Nutzung (von Touren für Urlauber abgesehen) ist verboten.

Deshalb ist der Fjordland National Park heute, sieht man vom seit langer Zeit besiedelten Milford Sound ab, nur an den Außengrenzen von Straßen erschlossen, und es gibt keine Siedlungen. Auch große Vorkommen an Jade und Kupfer bleiben unberührt, selbst wenn eine der mächtigen Bäume im Sturm über einen Wanderweg fällt, bleibt das wertvolle Holz einfach liegen. DOC sendet dann einen Mann mit Kettensäge aus, der ein Stück aus dem Stamm schneidet und so den Weg wieder frei macht.

Naturschutz in Neuseeland versteht sich nicht als Zaunbauer, Besucher sind willkommen, auch Campieren, Jagen und Fischen ist in den Nationalparks von Neuseeland erlaubt, vorausgesetzt, man hat eine Genehmigung. Es sind im Allgemeinen Gruppen von drei oder vier Männern, die sich von Hubschrauberpiloten in der Wildnis absetzen lassen. Oft haben sie nur Zelte, Kleidung und ihre Waffen bei sich. Was sie an Essen brauchen, muss die Jagd liefern.

Es ist kein Spaziergang. Das Land ist wild, weglos und ungezähmt, man kann sich (sehr) leicht verirren. Plötzliche schwere Regenfälle lassen harmlose Bäche unpassierbar werden, und die Sandfly, ein winziges Insekt, dessen Bisse elend jucken, betrachtet Jäger als Filetsteak. Der Lohn für die Mühsal: Wildschweine, europäisches Rotwild oder nordamerikanische Wapitis.

Drei Wege ins Paradies

Man kann dem Fjordland National Park auf drei Strecken nahekommen: Lake

Die Südinsel

Ganz oben: In Riverton siedelten Walfänger schon 1836. Oben und rechts: Der Ort Te Anau bildet das Tor zum Fjordland National Park, der gleichnamige See mit drei Seitenarmen ist der größte der Südinsel. Rechts oben: Der Takahe, einer der seltensten Vögel der Welt, ist nur im Fjordland National Park zu finden.

Manapouri ist immer wieder als lieblicher See beschrieben worden und, verglichen mit der norwegischen Fjordlandschaft in seiner Umgebung, ist er das wohl auch: Manapouri hat Inseln, sanfte bewaldete Ufer voller Vogelgesang und im Hintergrund die grünen Kuppen der Kepler Mountains.

Ingenieure haben Manapouri zur Stromerzeugung genutzt – am Westarm des Sees versteckt sich eine Turbinenhalle 200 Meter tief im Fels. Der Kraftwerksbau hat eine Straße nötig gemacht, die den Westarm des Sees über den Wilmot Pass mit Deep Cove am Doubtful Sound verbindet – und genau über diese Route können heute Reisende Neuseelands tiefsten Fjord erreichen.

Es ist ein weiter Weg, erst mit dem Bus, dann auf einem Schiff, dann mit einem zweiten Bus über den Pass und dann auf ein zweites Schiff zur Rundfahrt am Sound. Am besten ist es, auf einem Schiff im Doubtful Sound zu übernachten. Nur so kommt man in den Genuss von Dämmerlicht, Vogelkonzert und absolutem Schweigen.

22 Kilometer nördlich von Manapouri liegt Te Anau, mit 2000 Menschen schon die Hauptsiedlung am Rande der Wildnis und Quartier fast aller Reisenden. Der Ort liegt am ausgedehnten See Te Anau. Er ist mit 344 Quadratkilometern die größte Süßwasserfläche der Südinsel. Am gegenüberliegenden Ufer erheben sich die grünen Urwälder von Fjordland, dort kann man auch die schönen Te Anau Caves besuchen, Kalksteinhöhlen, in denen Wasser fließt. Wer dem Seeufer nach Süden folgt, begegnet der Naturschutzbehörde gleich zweimal. Erst gelangt man zum DOC Informationszentrum (Tel. (03) 249 8900), Hauptauskunftsplatz für den Nationalpark, der auch das Buchungszentrum für die Wanderungen in der Region bildet. Zehn Minuten weiter den See entlang steht man im Te Anau Wildlife Centre (Straße nach Manapouri, Eintritt durch Spende). Hier versorgt DOC kranke und verletzte Vögel. In einem großen runden Gehege kann man den seltensten Vogel der Welt sehen. Takahe, ein stämmiger Laufvogel mit grünblauem Gefieder und rotem Schnabel, verwandt mit Kiwi und Moa, galt als ausgestorben, ehe man ihn vor etwa 60 Jahren in den Kepler Mountains wiederentdeckte. Versuche, die Art vor dem Aussterben zu retten, sind nur bedingt erfolgreich: Takahe sind keine Temperamentsbündel, und Interesse an Fortpflanzung ist selbst mit Futterbeigaben nur selten zu erwecken.

Entlang der alten Straße

Der schönste Weg ins Fjordland ist der längste – man folgt der alten Küstenstraße von Invercargill nach Westen. So

Fjordland National Park

erreicht man zunächst Riverton, wo sich 1836 Walfänger und Robbenjäger niedergelassen haben. Die älteste Siedlung weißer Kolonisten im tiefen Süden ist ganz auf Denkmalschutz ausgerichtet – manchmal wird eine Walfängerhütte um einen Dollar verkauft, mit der Auflage, alles originalgetreu zu restaurieren.

Colac Bay war eine alte Maori-Siedlung, wuchs in den Tagen der großen Goldfunde auf 6000 Menschen und wird heute von Urlaubern besucht. In Orepuki nehmen sie es mit dem Denkmalschutz weniger genau – ein Gerichtsgebäude ist heute ein Schafscherstall. Eine große Attraktion sind die rollenden Brecher an der Te Waewae Bay.

Hier kann man immer wieder die sehr seltenen Hectors Delfine sehen. Die Schutzbestimmungen sind streng und wurden 2008 – unter dem Protest von betroffenen Berufsfischern – noch weiter verschärft.

Te Waewae Bay ist bewaldet – an ihrem westlichen Ende beginnt ein abenteuerlicher, einsamer Küstenwanderweg – der Southern Coastal Track.

Durch die Holzfällersiedlung Tuatapere gelangt man nach Clifden. An diesem Ort sind zwei Dinge bemerkenswert: eine mehr als 100 Jahre alte Schwingbrücke (1902) und ein paar gespenstische Höhlen. Die Clifden Caves können ohne Führer erforscht werden, solange man Taschenlampen dabei hat und sich an die Anweisungen auf den Schildern hält. Über eine Schotterstraße erreicht man von Clifden aus auch den Lake Hauroko. Er liegt bereits im Fjordland National Park, wird von steilen, dicht bewaldeten Ufern bekränzt und ist mit 462 Metern der tiefste im Land.

Folgt man der Hauptstraße ab Clifden nach Norden, gelangt man zum Redcliff Wetland Reserve, einem Feuchtbiotop, in dem man den Neuseeländischen Falken beobachten kann. Bei Blackmount führt eine Seitenstraße zum Lake Monowai, der bei Anglern und Jägern in legendärem Ruf steht.

DER SOUND OF SILENCE

Stille, die man hören kann, so wird der 40 Kilometer lange Doubtful Sound oft beschrieben. Tatsächlich ist der tiefste Fjord des Nationalparks (421 m) von Menschen praktisch unberührt. Die Ufer, dicht mit Urwald bestanden, werden von Fjordland-Pinguinen und Seelöwen besiedelt. Der Doubtful Sound ist für Stippvisiten ungeeignet, deshalb bietet eine Reihe von Firmen mehrtägige Erkundungstouren an. (Alle Anbieter im Überblick: www.fiordland.org.nz).

Besonders intim, lehrreich und interessant sind Ausflüge mit Fjordland Ecology Holidays. Umweltschützer betreiben den 22 Meter langen Motorsegler »Breaksea Girl«, der in Doubtful Sound ankert. Mehrtägige Erkundungsfahrten können auch andere Fjorde wie den Dusky Sound mit einschließen. Maximal zehn Gäste in Zweierkabinen, zwei Duschen, zwei Toiletten. Etwa 150 Euro pro Tag. Fjordland Ecology Holidays, Ruth Dalley, Tel. (03) 249 6600, Manapouri, www.fiordland.gen.nz.

WEITERE INFORMATIONEN

Real Journeys: Tel. (03) 249 7416, www.realjourneys.co.nz
DOC-Informationszentrum: Tel. (03) 249 8900
Southern Coastal Track: DOC, Invercargill, Tel. (03) 214 4589

Die Südinsel

42 Durch den tiefen Süden

Ein Geheimtipp von Catlin

Southland ist das »dicke Ende« der Südinsel. Oft sieht das Land so aus wie auf Neuseeland-Postkarten: Fette Schafe weiden auf runden Hügelwellen, die dem Horizont zurollen. Von Dunedin aus lässt sich eine schöne Schleife durch Neuseelands tiefen Süden legen. Die Fahrt auf menschenleeren Straßen kann selbst gestressten Europäern die Freude am Autofahren zurückgeben. Wer hier gemächlich reist, findet herzliche Gastfreundschaft, spannende Goldgeschichten und eine großartige Natur.

Ganz oben: Die Porpoise Bay in den Catlins bietet eine geologische Rarität: Reste eines versteinerten Waldes sind an einer Terrasse am Meer zu sehen – durchaus möglich, dass Dinosaurier an seinen Blättern geknabbert haben. Rechts: Nugget Point bietet neben herrlichem Blick auch geschützte Buchten, in denen man Seevögel und Seelöwen beobachten kann.

Der Highway One verlässt Dunedin Richtung Süden: Eine schönere, kaum befahrene Nebenstraße folgt der Küste bis zur Mündung des Taieri River und schließt über eine teilweise nicht asphaltierte Straße am stillen Lake Waihola wieder an die Hauptstraße an. Unterwegs ist viel Zeit für schöne, ungewöhnlich stille Strände.

Über den Knick in der Straße im Zentrum von Milton hat das ganze Land gelacht: Die Straßenbauer kamen von zwei Seiten her, hatten zwar genau aufeinander gezielt, der eine Trupp aber mit dem linken, der andere mit dem rechten Fahrbahnrand.

In Balclutha erreicht man den Clutha, Neuseelands wasserreichsten Fluss, und muss sich entscheiden: Entweder man folgt der Küstenstraße oder man nimmt den Highway One. Letzterer bringt einen ins behagliche Provinzstädtchen Gore, wo die Häuser keine Zäune und die Menschen sehr viel Zeit haben. Wer von Gore 17 Kilometer nach Norden fährt, stößt auf ein Unternehmen mit Weltruf: In Mandeville restaurieren Croydon Aircraft Services Flugzeuge vom Typ De Havilland aus den 1930er Jahren. Besucher können in offenen »Tiger Moths« zu Rundflügen aufsteigen.

Die Catlins – Geheimtipp im Südosten

Die Küstenroute von Balclutha nach Invercargill führt durch die Catlins. Sie ist kurvenreich und zum Teil nicht asphaltiert. Wer zumindest einen Tag investiert, wird mit herrlicher Natur belohnt: Bei Jacks Bay kann man ein »Blow-hole« beobachten – durch einen 200 Meter langen Tunnel schießt die Brandung in eine 60 Meter tief gelegene Höhle. Von dort befördert sie der Wasserdruck durch einen Kamin im Gestein an die Erdoberfläche.

Die Südinsel

Im tiefen Süden leben pragmatische Großbauern, die meist Schafe und Rotwild züchten mit einer manchmal überraschend großzügigen, dramatischen Natur. Die Wasserfall-Terrassen von Purakaunui (Mitte oben) gehören zu den Geschenken ebenso wie der weite, menschenleere Strand von Tautuku Beach (rechts).

Bei Romahapa sollte man zur Küste abbiegen. So erreicht man Nugget Point, ein Naturschutzgebiet mit einem malerischen Leuchtturm (1869), wo Pinguine und Tölpel, Seehunde und Seelöwen zu beobachten sind.

Im Dorf Owaka informiert ein Büro der Naturschutzbehörde (Tel. (03) 415 8371) über die reichen Schätze des Catlin Forest Park. Catlin Lake steigt und fällt mit den Gezeiten: zur Ebbe fast verschwunden, kann er bei Flut fünf Kilometer breit werden. Nahebei rauschen die schönen Wasserfallterrassen von Purakaunui. Man erreicht sie in einem Spaziergang von zehn Minuten.

Hinter Papatowai kann man zu Fuß und nur bei Ebbe in 20 Minuten die 30 Meter hohen Höhlen der Cathedral Caves erreichen. Man sollte eine Taschenlampe mitnehmen, sonst kann man leicht aus Versehen einem Seelöwen auf die Flossen steigen. 20 Kilometer weiter an der Porpoise Bay und dem Curio Bay Fossil Forest muss man wieder halten. Die Felsterrasse am Meer ist ein 160 Millionen Jahre alter Waldboden – ein Zeitgenosse jener Tiere, die man im Jurassic Park bestaunen durfte.

Zwei Orte auf dem Weg nach Invercargill sind noch der Rede wert: Von Waikawa aus kann man Slope Point erreichen. Der südlichste Punkt der Südinsel ist 5140 Kilometer vom Äquator entfernt – bis zum Südpol sind es nur noch 4803 Kilometer. Zur kleinen Ortschaft Otara gehört Waipapa Point. An diesem schönen Sandstrand, den ein Leuchtturm ziert, hat sich Neuseelands schlimmstes Schiffsunglück zugetragen. Die »Tararua« sank hier 1881, 131 Passagiere ertranken.

Invercargill und ein Bluff

Die südlichste Stadt des Commonwealth hat 48 000 Einwohner, die ihren Wohlstand dem sommerlosen Wolkenklima verdanken: beharrlicher, feiner Nieselregen erfrischt die Weiden im Southland das ganze Jahr über, das Gras hört kaum auf zu wachsen. Das wiederum macht die Schafe fett und hält rund um das Städtchen vier Schlachthöfe in Schwung, die jedes Jahr sieben Millionen Lämmer schlachten, ein Viertel der nationalen Produktion.

Die Einheimischen wissen wohl, was das wert ist. Sie haben ihrem Wohlstandsbringer, dem Grashalm, in der Esk Street ein weltweit wohl einzigartiges Denkmal gesetzt.

Invercargill hat in Tim Shadbolt einen kauzigen Bürgermeister, der Kabarettabende gestaltet und die reichen Geldreserven der Stadt mit unterschiedlichem Erfolg angreift. Sportzentrum und beheiztes Schwimmbad sind so modern, dass selbst olympische Schwimmteams hier schon trainiert haben. Der internationale Flughafen Invercargill hingegen wartet, zehn Jahre nach seiner Fertigstel-

Durch den tiefen Süden

lung, immer noch auf die erste Maschine aus fernen Ländern.
Besucher steuern den Queens Park an. Hier findet man nicht nur Rosengärten, Golfplatz und Schwimmbad, sondern auch, an der Gala Street, das Southland Museum and Art Gallery (Eintritt durch Spende). Es zeigt Ausstellungen zu Geschichte, Maori und Kunst. Faszinierend sind die Informationen zur Antarktis und den zu Neuseeland gehörenden subantarktischen Inseln mit ihrer reichen Vogelwelt. Ein Kurzfilm »Beyond the Roaring Forties«, was etwa »Jenseits der 40er Breitengrade« heißt, erzählt faszinierend über diese weltvergessene Region. Auch die Tuatara, eine Echse aus der Zeit der Dinosaurier, die nur in Neuseeland überlebt hat, ist zu sehen. Die Stadtinformation ist im Erdgeschoss untergebracht. Am Oreti Beach südlich der Stadt gehen eigentlich nur Einheimische baden. Jedermann kann sich an einer besonderen Muschelart erfreuen, der Toheroa, die hier bis zu 15 Zentimeter groß wird.

Eine 27 Kilometer lange Straße führt von Invercargill zum herben Hafen Bluff. Neben der Post beginnt die Zufahrt auf den Bluff Hill. Von hier aus bietet sich das Umland wie auf einer Relieflandkarte dar: Ein Blick genügt, um zu sehen, dass hier gearbeitet wird: Auf einer künstlichen Insel im Hafenbecken machen Frachtschiffe fest – sie liefern Phosphat für eine riesige Düngemittelfabrik und australisches Bauxit für eine Aluminiumhütte am Hafenbecken, die 1100 Menschen beschäftigt und im Jahr 250 000 Tonnen produziert (Tiwai Point, Gratistouren, Tel. (03) 218 5494).
Tag und Nacht verladen Laufbänder und große Kräne Fleisch für den Weltmarkt – und nicht nur Schafschlegel. Vor etwa 20 Jahren haben viele Farmer in Southland nebenbei mit Rotwildzucht begonnen. Heute verkaufen sie den weichen Bast der Tiere an pharmazeutische Firmen, die ihn als Arthritismittel und zur Potenzstärkung anpreisen. 50 Prozent aller Rotwildexporte werden nach Deutschland geliefert.

DIE BESTEN AUSTERN DER WELT

In der rauen Foveaux Strait zwischen Bluff und Stewart Island liegen Austernbänke auf 100 Meter Tiefe, die zwischen März und August abgeerntet werden. Die Bluff-Austern sind deutlich größer, plumper und geschmackvoller als Felsaustern. Der Erntebeginn wird vom ganzen Land mit Spannung erwartet. Früher veranstalteten die Austernboote mit ihrer ersten Ladung ein Wettrennen nach Bluff, heute warten Helikopter über den Booten auf die ersten Säcke voller Meeresfrüchte.
Im Mai veranstaltet Bluff ein hemdsärmeliges Austernfestival. Zu den traditionellen Wettbewerben gehören Austernwettessen, Austernsackmodenschau und Austernknacken – der Rekord für 50 Stück liegt unter drei Minuten. Informationen: Bluff Service Centre, 16 Gore street, Bluff, Tel. (03) 212 8704, *www.bluff.co.nz*. Wer zu anderen Zeiten kommt, lernt die Bluff-Austern am besten in »The Big Oyster« kennen. Das Restaurant ist nicht nur in Bluff berühmt (99 Ocean Beach Rd., Tel. (03) 212 8180).

WEITERE INFORMATIONEN

Southland Museum and Art Gallery:
Tel. (03) 218 9753, *www.southlandmuseum.co.nz*;
Stadtinformation Invercargill:
Tel. (03) 214 6243, *www.invercargill.org.nz*

Die Südinsel

43 Stewart Island

Aufschwung für die dritte Insel

Lange galt die dritte Insel Neuseelands als exotisches Reiseziel und wurde vergleichsweise wenig besucht. Seit 85 Prozent der Fläche zum Nationalpark erhoben worden sind, der Staat und ein privates Tourismusunternehmen die lokale Infrastruktur aufbauen, ändert sich das allmählich. 50 000 Besucher im Jahr finden auf herrlichen Wanderwegen eine intakte Natur, in der sich viele seltene endemische Pflanzen- und Tierarten erhalten haben.

Die Maori sahen die Nordinsel als Fisch – ein Stachelrochen, mit dem Auge im Süden und dem Sporn im Norden – aufgefischt von ihrem Halbgott Maui. So heißt sie auch – Te Ika a Maui, der Fisch von Maui. Die Südinsel ist das Boot der Götter und Stewart Island sein Ankerstein.

Den Ankerstein nannten sie Rakiura – Himmelsleuchten. Er ist 1746 Quadratkilometer groß – Platz genug für vier europäische Großstädte – grün und menschenleer. 690 Menschen leben hier. Fußgänger haben Vorrang vor dem Auto, Hektik kennt man nicht, und das Straßennetz ist ganze 20 Kilometer lang. Kein Wunder, dass Stewart Island ein Refugium für gefährdete Tiere, insbesondere auch viele Vogelarten darstellt – und als Paradies für Wanderer gilt.

Nur 32 Kilometer trennen Rakiura von der Südinsel, aber diese 32 Kilometer haben es in sich. Die Foveaux Strait ist eine der rauesten Meeresstraßen der Erde, ein moderner Katamaran kämpft von Bluff aus eine Stunde mit den Wellenbergen. Die Ankunft der Fähre ist ein Schauspiel, das Inselbewohner an die Hafenmole bringt. So mancher Naturliebhaber geht mit apfelgrünem Teint und einem kernigen Fluch auf den Lippen von Bord. Die Überfahrt – und den milden Spott der Insulaner – vermeidet, wer von Invercargill in 20 Minuten nach Stewart Island fliegt.

Halfmoon Bay

Flugplatz und Hafen liegen beide nahe bei Oban, wo die meisten Leute leben. Der Ort in der Halfmoon Bay liegt an der Ostspitze der dreiecksförmigen Insel. Manche der hübschen Cottages stammen aus der Zeit, als Norweger hier eine Walfangstation unterhielten. Auch Sägewerke und Zinnminen gab es früher hier, auch sie sind inzwischen verfallen. Heute fangen Fischer in der rauen See Dorsche oder Langusten. Wer leben will,

Stewart Island liegt südlich der Südinsel, von dieser getrennt durch die Foveaux Strait. Die Natur regiert hier mit manchmal brutalen Regenstürmen, die wenigen Menschen leben von Fischfang und Tourismus. Rechts oben: Am Paterson Inlet kann man sehen, warum die Maori die dritte Insel Neuseelands »Rakiura« tauften – Himmelsleuchten.

Die Südinsel

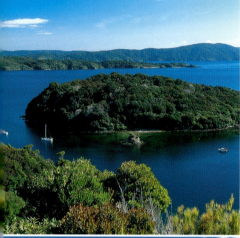

Alle Fotos oben: Ulva Island liegt vor der Küste von Stewart Island im Patterson Inlet. Die 266 Hektar große Insel ist ein offenes Vogelschutzgebiet und von bequemen Wanderwegen erschlossen. Rechts: Wasserspaziergang im Seetang-Wald. Rechts oben: Nur auf Stewart Island werden Kiwis schon im Dämmerlicht aktiv.

hat sich einiges vorgenommen; die Natur erspart ihm nichts, und viele sind schon nach kurzer Zeit völlig desillusioniert. Und dennoch kennt man auf dieser wunderschönen Insel eine Art gelassener Zufriedenheit.

Im Rakiura Museum (Mo–Sa 10–12, So 12–14 Uhr, Eintritt) kann man eine angeregte halbe Stunde verbringen. Ausgestellt ist unter anderem das Harmonium des deutschen Missionars Johann Friedrich Heinrich Wohlers; sein Grab kann man in einem Halbtagsausflug am Ringaringa Beach besichtigen. Nur 15 Minuten sind es von Oban bergauf zum Observation Rock. Hier blickt man weit hinaus auf Küste und Meer und die drei Inseln Faith, Hope und Charity (Glaube, Hoffnung, Güte).

Kiwis in der Dämmerung

Die Bucht von Paterson Inlet schneidet 16 Kilometer tief in die Küstenlinie ein. Für Besichtigungsfahrten, zum Tauchen und Angeln kann man in Oban Wassertaxen oder Kajaks mieten. Unterwegs sieht man Albatrosse, Tölpel, Pinguine, Robben und Delfine. Ulva Island ist ein Vogelschutzgebiet. Unberührte Rimu-, Rata- und Totarawälder geben den perfekten Hintergrund, um Tuis, Wekas oder Kereru zu beobachten. Entweder ist hier das Licht anders oder es sind die Vögel – nur auf Stewart Island kann man Kiwis schon bei Dämmerung auf Nahrungssuche gehen sehen. Ausfahrten bringen Naturfreunde zu den geeigneten Plätzen. Man fährt etwa zur Little Glory Bay und marschiert von dort aus zum Ocean Beach. Ein anderes bekanntes Kiwi-Refugium ist die Mason Bay an der Westküste.

Puristen können noch einen Schritt – und viele Seemeilen – weitergehen: 125 Kilometer südlich von Stewart Island liegt die Snares Group – eine Gruppe von Inseln im Antarktischen Ozean, auf der tatsächlich Millionen von Seevögeln nisten. Wer nicht leicht seekrank wird, meldet sich bei Thorfinn Charters oder Talisker Charters an.

Rakiura National Park

Bei der letzten Zählung bot Rakiura 245 Kilometer Wanderwege – sie sind nicht leicht zu gehen. 255 Regentage im Jahr machen den Boden oft tief und schlammig. Von Oban führt ein dreistündiger Wanderweg durch Küstenwälder zum Leuchtturm am Ackers Point. Es ist ein guter Beobachtungsplatz für Sturmtaucher und Albatrosse. Gegen Abend kann man auch Tausende kleine blaue Pinguine hören, die vor der Küste auf die Nacht warten, ehe sie sich an Land wagen. Der Rakiura Track beginnt und endet in Oban. Für die 29 Kilometer lange Wanderung sollte man sich drei Tage Zeit nehmen, Hütten bieten bequeme Übernachtungen. Wer den kompletten North Circuit geht, ist acht bis zehn Tage unterwegs. Die Vegetation im Norden ist von Podocarp-Wäldern

Stewart Island

geprägt, wie sie auch auf dem Festland, etwa an der Westküste, vorkommen. Im Süden stehen die Bäume an den Buchten, im Landesinneren findet man offenes Buschland und subalpine Pflanzen. Für alle längeren Touren muss man in Oban einen Hütten- und Campingpass erwerben (Department of Conservation, Halfmoon Bay, Tel. 032 19 00 02). Hier meldet sich auch, wer die Natur nicht nur beobachten will. Angler fischen Forellen und Lachse, Jäger können Rotwild oder Weißschwanzhirsche schießen.

Landung verboten

Vor der Westküste von Stewart Island liegt Codfish Island. Nach großen Kampagnen zur Rattenvertilgung ist die unbewohnte Insel heute für Besucher gesperrt. Hier lebt der Kakapo. Der Eulenpapagei, grün und stämmig, ist der einzige flugunfähige Papagei und einer der seltensten Vögel der Welt. Er ist auch einer der drolligsten. Wenn ihm amourös zumute ist, wandert das Männchen einen Bergabhang hinauf und gräbt dort eine Mulde. In dieser Mulde gibt er dann seinen Balzton von sich – er klingt wie ein dumpfer Trommelschlag. Die letzten Kakapos in freier Wildbahn lebten in Sindbad Gully, einem Nebental des Milford Sound. Die Chance, dass dort ein Weibchen ein trommelndes Männchen erhören würde, waren gleich null. So hat man die letzten Exemplare nach Codfish Island gebracht, wo drei Mitarbeiter von DOC alles Erdenkliche tun, um die Art zu retten. Sie hatten 2002 Grund zum Jubeln: Es schlüpften 24 quirtschfidele Jungtiere und verdoppelten so die Weltbevölkerung an Kakapos.

Auf Ruapuke Island gab es einst eine große Maori-Siedlung; hier missionierte der in Nelson erfolglose deutsche Pastor Wohlers. Von hier aus kontrollierte um 1840 Tuawahiki, Oberhäuptling der Ngai Tahu, einen Großteil der Südinsel, und verkaufte den Süden und Stewart Island an die Weißen. Ruapuke ist bis heute in Maori-Besitz, Besuche sind schwierig zu arrangieren.

ZWEIFELHAFTE DELIKATESSE

Stewart Island wurde 1864 für etwa 6000 Pfund an die neuseeländische Regierung verkauft. Das war nicht viel – aber mehr, als der Stamm 20 Jahre zuvor für ganz Otago erhalten hatte. Vertraglich festgelegt wurde damals auch ein Jagdrecht: Es gibt nur Maori das Recht, auf den Muttonbird Islands den Titi (schwarzbrauner Sturmtaucher, Puffinus griseus) zu jagen. Jedes Jahr im April, wenn die Küken fast flügge sind und so fett, dass sie sich kaum bewegen können, sammeln Jäger bis zu 250 000 Vögel ein. Sie gelten unter den Maori in ganz Neuseeland als Delikatesse, werden gekocht, geröstet oder in ihrem eigenen Fett eingelegt. Manchmal sieht man sie in den Fish-and-Chips-Läden des Landes neben Fischfilets zum Verkauf ausliegen. Weiße sagen Muttonbird dazu, Hammelvogel, und finden ihn ornithologisch interessant. So hat man etwa belegt, dass Sturmtaucher von Stewart Island bis zu den Seychellen fliegen und noch im hohen Vogelalter von 30 Jahren brüten.

WEITERE INFORMATIONEN

Thorfinn Charters: Tel. (030) 219 1210, *www.thorfinn.co.nz*;
Talisker Charters: Tel. (03) 219 1151

Ganz oben: In Neuseeland wird an der Westküste der Südinsel Jade gefunden. Maori fertigen daraus kostbare Schnitzerei. Rechts: Ein Maori-Krieger mit aufgemalter Tätowierung beim sogenannten Poukana – die groteske Fratze, aufgerissene Augen und herausgestreckte Zunge sollte Gegner erschrecken und einschüchtern.

Abenteuer, Wein, Wandern und mehr

Ganz oben: Rafter auf dem Shotover bei Queenstown – das Wildwasser hat auf einer Skala, die von eins (leicht) bis sechs (unmöglich) reicht, Grad 3 und ist für Novizen spannend, aber machbar. Oben: Vor einem Skydive, dem freien Fall mit Fallschirmbremse. Rechts: Fahrt über den See des Tasmangletschers, mit 26 Kilometer der längste Neuseelands.

Abenteuer, Wein, Wandern und mehr

44 Abenteuer Urlaub

In der Adrenalinfabrik

In Neuseeland wird alles angeboten, was man mit Todesangst spielen kann, und jedes Angebot wird angenommen. Luft, Wasser, Berge, Höhlen – alles muss herhalten, um Kinder jeden Alters das Fürchten zu lehren. Der Lohn der Angst: Beweisfotos und ein Adrenalinschub samt Dauergrinsen, der drei Tage anhält.

Es liegt etwas in der Luft in Neuseeland: Märchenstille, Vogelzwitschern, immergrüne Regenwälder, feindfreie Natur – all das reizt den Kiwi, den einheimischen Neuseeländer, und fordert ihn heraus, es einmal richtig krachen zu lassen. Der Mangel an Not hat ihn erfinderisch gemacht. Manche Abenteuersportarten, die seinem Gehirn entsprungen sind, wie Bungeespringen oder Jetbootfahren, werden heute in aller Welt angeboten, andere sind nur in Neuseeland zu haben:

Fly By Wire etwa ist eine Flugstrecke außerhalb von Queenstown. Hier liegt man in einer Minirakete, die an einem Seil zwischen zwei Berghängen geführt wird und um die 150 Stundenkilometer erreicht.

Bei Rotorua wartet der Zorb. Das ist eine drei Meter hohe PVC-Kugel mit 50 Zentimeter dicken Luftpolstern, in die ein Mensch passt, der nicht gefrühstückt haben sollte. Mit Tempo 50 geht es dann geschützt, aber nicht behütet und ungebremst bergab. Ein ganz neues Ballgefühl.

Bungeeeeeeeee!

In Vanuatu sprangen Männer als Mutprobe mit Lianen an den Beinen von Türmen – A. J. Hackett aus Queenstown hat 1988 ein Geschäft daraus gemacht. Heute stehen in Neuseeland mehr als ein Dutzend Abgründe zur Auswahl: die Fallhöhe reicht von 35 Metern (Waiau River bei Hanmer Springs) bis zu 134 Meter, die Kosten betragen 40–100 Euro plus etwa 20 Euro für Video und T-Shirt als Beweis für den Sprung.

Besonders schön gelegen und leicht zugänglich sind etwa die erste kommerzielle Bungee-Sprungstelle auf der Kawarau-Brücke an der Straße nach Queenstown (43 m) und Taupo Bungy (47 m) über dem Waikato. Der Mokai Gravity Canyon bei Mangaweka im Zentrum der Nordinsel ist eine 80 Meter tiefe Schlucht über dem Rangitikei. Nevis Highwire bei Queenstown; der tiefste Fall (134 m) ist schon in der Anreise extrem: Allradfahrzeug und Seilbahn bringen einen zur Absprungplattform. Der 192 Meter tiefe Absturz vom Skytower in Auckland ist kein Bungeesprung.

Abenteuer, Wein, Wandern und mehr

Ganz oben: Auf dem schwach geneigten Tasmangletscher landen Flugzeuge mit Kufen. Oben Mitte: Kanuten in der Bay of Islands. Oben: Mädchen beim Bungee über der Kawarauschlucht bei Queenstown. Oben halbrechts: Paraglider gehen in die Luft, wenn das Motorboot anzieht. Rechts: Der Shotoverjet in den Canyons des Goldflusses.

Der Mensch hängt in einem Sprungoverall an einem Drahtseil mit Stabilisierungsdrähten an den Seiten. Die Fallgeschwindigkeit übersteigt nie 60 Stundenkilometer und wird in Bodennähe auf Fahrstuhlniveau gebremst.

Wasserspiele mit Düsenantrieb

Viele Flüsse in Neuseeland fließen frei, unreguliert. Vor allem auf der Südinsel schafft das breite Flussbetten, in denen das Wasser flach und in mehreren Strängen läuft – *braided rivers*, geflochtene Flüsse, nennt man sie. Für diese Bedingungen haben Neuseeländer das Jetboot entwickelt. Es hat weder Schraube noch Ruder, sondern eine Hochleistungsdüse, deren Anstellwinkel verändert werden kann und so das Boot lenkt. Der Vorteil: Solche Boote können auch bei Wassertiefen um 30 Zentimeter noch fahren. Motoren von 200 bis 500 PS geben den Booten, die sechs bis 15 Sitzplätze haben, stromauf 40, stromab 70 Stundenkilometer Spitzengeschwindigkeit. Das wirkt, vor allem in engen Schluchten, recht flott.

Neuseeländer lieben Jetboote, oft besitzen drei oder vier Familien gemeinsam ein Boot. Entsprechend vielfältig ist das mehr oder weniger professionelle Angebot für Urlauber. Die angeführten Unternehmen haben viel Erfahrung, geprüfte Boote, Lizenzen und Schwimmwesten für jeden Passagier. Die Preise liegen zwischen 30 und 80 Euro. Nervenkitzel-Fahrten dauern 20 bis 40 Minuten. Wer einen kaputten Rücken hat, sollte nicht mitfahren; wer trocken bleiben will, vorne sitzen.

Am berühmtesten ist der Shotover Jet: Er pflügt durch die extrem malerischen Canyons der Shotover-Schlucht. Viel Spaß fürs Geld bekommt man an der Rakaia-Schlucht etwa eine Stunde vor Christchurch bei Alpine Jet. Halbtagesausflüge, wo das Jetboot eher Mittel zum Zweck ist und Naturbeobachtung im Vordergrund steht, kann man etwa bei Whanganui Scenic Experience Jet buchen. Man startet von Pungarehu, zu Ausfahrten auf dem Nationalparkfluss. Dauer: zwei bis sieben Stunden. (Mark Wickham, Tel. (06) 342 5869).

Die Dart-River-Safari beginnt in Glenorchy, am Nordende des Lake Wakatipu, und ist von Queenstown aus über eine sehr schöne, etwa 40 Kilometer lange Seeuferstraße in 45 Minuten zu erreichen. Dauer: drei Stunden, führt 37 Kilometer tief in die Wildnis des Dart River, Kurzwanderung.

Die Waiatoto-Safari erschließt im Südwesten der Südinsel vom Meer ausgehend die massiven Gebirgsstöcke des Mount Aspiring National Park. Dauer: zwei Stunden Fahrt, Gelegenheit zum Aussteigen.

Abenteuer Urlaub

Gummifloß und Stromschnelle

Neuseeland bietet aufregendes Wildwasser. Man erforscht es am besten beim Rafting, auf einem Gummifloß und von einem Wildwasserprofi geführt. Helme, Schwimmwesten und Neoprenanzüge stellen die Veranstalter, meist auch etwas zum Essen und eine heiße Dusche danach. Die Trips können eine Stunde, aber auch drei Tage dauern. Oft liegen die Einsteigstellen für längere Fahrten in absoluter Wildnis und sind nur per Helikopter zu erreichen.

Längere Fahrten sind die schönsten. Es sind das oft herrliche Familienerlebnisse (für Kinder ab 12 geeignet). Man reist in einer kleinen Gruppe auf dem Fluss, stoppt an Thermalquellen für ein heißes Bad, campiert am Flussufer, fischt Forellen und hört den Vögeln beim Singen zu. Der Neuseelandbonus: Man hat den Fluss meist für sich allein.

Die Wildheit des Wassers wird in sechs Grade eingeteilt, wobei eins oder zwei langweilig und sechs unbefahrbar bedeutet. Anfänger kommen (als Mitfahrer) mit Grad 3–4 zurecht. Schöne Naturerlebnisse in dieser Klasse: Auf der Nordinsel die Flüsse Mohaka oder die stilleren Teile des Rangitikei (2–3). Seine 200 Meter hohen Klippen um die Mokai-Schlucht sind in der ersten Folge des »Herrn der Ringe« verewigt. Auf der Südinsel kann man in einem halben Tag die Schlucht des Buller (3) oder den Shotover (3–4) bei Queenstown durchpaddeln.

Wer sich fürchten möchte, hat unter den Grad-5-Flüssen reiche Auswahl: Der Kaituna auf der Nordinsel ist Neuseelands steilster Fluss, zu seinen Besonderheiten gehört der tiefste Fall (eine Sieben-Meter-Stufe namens »Tutea Falls«) und Awesome Gorge, eine Schlucht, so schmal, dass Boote sich auf beiden Seiten an den Felswänden entlangschrammen. Auf der Südinsel haben der Rangitata südlich von Christchurch und der Oberlauf des Karamea an der Westküste einen verdientermaßen schlechten Ruf.

KLEINER WILDWASSERFÜHRER

Hier finden Sie Adressen von Rafting-Veranstaltern. Ebenfalls genannt sind die Flüsse und deren Schwierigkeitsgrad.

Kaitiaki Adventures: Main Rd, Okere Falls, Rotorua, Tel. 0800 338 736, www.kaitiaki.co.nz

Kaituna 5: Wairoa 5, Rangitaiki 4

Mangaweka Adventure Company: State Highway 1, Mangaweka, Tel. (06) 382 5744 www.rra.co.nz

Rangitikei River von einfach bis Grad 5, Familienunternehmen, gute Balance von Naturerlebnis und Abenteuer

Buller Adventure Tours: Buller Gorge Rd, State Highway 6, Westport, Tel. (03) 789 7286, www.adventuretours.co.nz

Buller River Grad 3, Wildwasser wechselt mit ruhigen Abschnitten

Rangitata Rafts RD 20 Peel Forest, Geraldine, Tel. (03) 696 3735 www.rafts.co.nz

Rangitata: Möglichkeit, die Grad 5 Stromschnellen zu umwandern

Queenstown Rafting: 35 Shotover Street, Queenstown, Tel. (03) 442 9792, www.rafting.co.nz

Shotover: Grad 3–4, Landsborough Wildnis Rafting

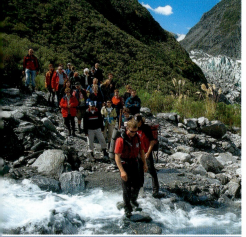

Egal ob bei einer Flussquerung im Westland (ganz oben), beim Strandlaufen im Abel Tasman (Mitte oben) oder im Talschluss am Mt. Cook (oben): Schöner kann es auf der Welt eigentlich nicht sein. Rechts: Den Routeburntrack kann man alleine gehen, die Gletscherwanderung (rechts oben) ist ohne Führer gefährlich.

Abenteuer, Wein, Wandern und mehr

45 Wanderparadies Neuseeland

Unterwegs auf den Great Walks

Die Neuseeländische Naturschutzbehörde (Department of Conservation, kurz DOC) verwaltet alle Naturschutzgebiete und Nationalparks des Landes. Unter den Tausenden von Kilometern an Wanderwegen, die Neuseeland durchziehen, hat DOC neun Routen den Ehrentitel »Great Walk« gegeben. Sie zeigen neuseeländische Natur von ihrer schönsten Seite, auch die Hütten und Campingplätze entlang des Weges sind in besserem Zustand als anderswo.

Der Besucherdruck auf diese Traumrouten ist erheblich. Wer sie erleben will, hat zwei Möglichkeiten: Man meldet sich direkt bei dem zuständigen DOC-Informationszentrum oder per Internet an und geht als Freedom Walker – freier Wanderer mit Hüttenpass – los. Der kostet etwa 130 Euro pro Person und Wanderung und garantiert einen Schlafplatz in der Hütte. Die Nachteile: Manche Hütten haben weder Kochgelegenheit noch heiße Duschen und sind für die populärsten Strecken zwischen Dezember und Februar oft sechs Monate im Voraus ausgebucht. Vermeiden kann diese Probleme, wer sich einer geführten Wanderung anschließt. Da wird man bekocht, hat einen Schlafplatz mit Bettzeug sicher und trägt nur Tagespäckchen mit sich. Der Nachteil: Diese Art zu wandern kostet am Milford Track etwa 900 Euro für vier Tage. Die neun »Great Walks«, gereiht von Nord nach Süd, in Stichworten:

Tongariro Northern Circuit
Die Schleife um zwei der drei aktiven Vulkane im Zentrum der Nordinsel führt über den zerklüfteten Mount Tongariro und um den Mount Ngauruhoe. Ungewöhnliche Landschaftsformen, Vulkankrater und Gletschertäler sind zu sehen. Dazu Ausblicke auf den höchsten Berg der Nordinsel, den Vulkan Ruapehu (2797 m).

Lake Waikaremoana Track
Der Urewera National Park ist das urtümlichste Stück Natur auf der Nordinsel, bietet herrliche, unberührte Wälder, einen großen See (Lake Waikaremoana) und Gelegenheit zum Schwimmen und Fischen.

Whanganui River
Der Fluss Whanganui fließt erst schäumend und dann träge von den Vulkanen im Zentrum der Nordinsel in die Tasman-See. Das schönste Stück sind die

Wanderparadies Neuseeland

145 Kilometer zwischen Taumarunui und Pipiriki. Man wandert mit dem Kajak und macht Abstecher zu Fuß. Auch Drei-Tage-Wanderungen sind möglich.

Abel Tasman Coastal Track

Eine Küstenwanderung von 51 Kilometern durch den gleichnamigen Nationalpark zwischen Tasman und Golden Bay. Herrliche Buchten, goldener Sand, türkisfarbene Lagunen. Der Wanderweg ist leicht – alle Bäche sind überbrückt. Drei bis fünf Tage reichen, um die Schönheit in Ruhe zu genießen.

Heaphy Track

Mit 82 Kilometern der längste Great Walk. Führt vom Aorere-Tal in Golden Bay über ausgedehnte, straßenlose Tussocklandschaften des Kahurangi National Park zu den herrlichen Küstenwäldern und der wilden Brandung der Westküste. Zielpunkt ist Karamea.

Kepler Track

60 Kilometer weit durch urtümliche Buchenwälder im Fiordland National Park, vorbei an Seen und durch Gletschertäler. Ausgangspunkt: Te Anau, die Wanderung dauert drei bis vier Tage.

Milford Track

Immer wieder als die schönste Wanderung der Welt beschrieben, führt der bekannteste unter den »Great Walk« vom Nordende des Lake Te Anau über 54 Kilometer an den ebenfalls weltbekannten Milford Sound. Vier Tage wandert man durch Gletschertäler und über einen Pass, vorbei an Bergblumen und Wasserfällen.

Routeburn Track

Der Routeburn Track ist 32 Kilometer lang und führt drei mittelmäßig anstrengende Tage lang vom Mount Aspiring National Park über den Harris-Sattel (1277 m) in den Fiordland National Park. Unterwegs rauschen Wasserfälle, Vögel singen und bewaldete Bergtäler und Seen sorgen für herrliche Aussichten.

Rakiura Track

Die Insel Stewart Island (Maori-Name: Rakiura) liegt südlich der Südinsel, ist praktisch unbesiedelt und ein natürliches Reservat für seltene Vögel. Die 29 Kilometer lange Schleife erfordert drei Tage Zeit, kann von jedem mit mittlerer Fitness gegangen werden und ist das ganze Jahr über offen.

EIN PROSIT DER GEMÜTLICHKEIT

Naturliebhaber, die pro Tag nur ein paar Stunden mit leichtem Gepäck gehen und am Abend gut essen und schlafen wollen, sind mit dem Queen Charlotte Track in den Marlborough Sounds bestens bedient. Von der historischen Ship Cove folgt man einem schmalen Höhenrücken zwischen zwei Sunden über 71 Kilometer bis an die Anakiwa Bay. Alle zehn Kilometer warten angenehme Hotels mit Restaurants und Swimmingpools auf müde Wanderer. Gepäck kann man per Wassertaxi vorausschicken. Wer will, kann die Wanderung auch mit Kajak oder Radausflügen kombinieren.

Die Marlborough Sounds Adventure Company (MSAC) in Picton ist ein renommierter Familienbetrieb und bietet alle erdenklichen Varianten. Die Fünf-Tage-Tour umfasst vier Wandertage und einen Rasttag, den man im Kajak verbringen kann. Der Preis von 800 Euro schließt den Führer, alle Mahlzeiten, Übernachtungen und den Wassertransport ein. (MSAC) London Quay, Picton, New Zealand, Tel. (03) 573 6078, www.marlboroughsounds.co.nz.

WEITERE INFORMATIONEN

DOC-Informationszentrum:
www.doc.govt.nz

Abenteuer, Wein, Wandern und mehr

46 Einkaufen

Souvenirs mit Sinn

Reisesouvenirs sind eine sehr persönliche Sache: Manche nehmen nur Erinnerungen und Fotos mit, andere sammeln Steine und füllen Sand in Marmeladegläser. Wer für sich und andere einkaufen geht, steht oft ratlos vor einem Berg von Kitsch, in dem Plüschkiwis, Muschelschalen-Schlüsselanhänger und Schafe auf Pulloverweiden dominieren. Wir führen unsere liebsten Alternativen an.

Wer etwas Typisches aus Neuseeland mitbringen will, kommt an Naturprodukten nicht vorbei. Ganz oben: Das Muschelhaus von Bluff zeigt die Pauamuschel. Diese schimmert blau grün, wenn man ihre graue Außenschicht anschleift. Oben: Schafschur ist Handarbeit, die Wollfaser der Merinoschafe oft 17 Mikron fein. Sie kratzt nicht auf der Haut.

Die neuseeländische Jade ist türkisfarben bis dunkelgrün und liegt in einer Bergschulter an der Westküste der Südinsel auf etwa 1500 Metern Seehöhe verborgen. Von Unwettern freigelegt und Flüssen talwärts gespült, wurde der extrem harte Stein vor etwa 500 Jahren von den Maori an der Küste entdeckt. Jade als Werkzeug hat Boote und Häuser und damit das Leben der Maori verbessert und galt als ihr wertvollstes Gut. Der Wert des Steines hatte jedoch immer wieder Raubtrupps und Unheil in die kleinen Dörfer im Jadeland gebracht. Immerhin scheint heutzutage Pounamu, wie die Maori es nennen, sicher im Besitz des Stammes der Ngai Tahu. Jade wird in großen Blöcken per Hubschrauber zu den Schnitzwerkstätten gebracht, das Hauptwerkzeug sind umgebaute Zahnarztbohrer. Jadeschnitzereien kann man überall in Neuseeland und in allen Preislagen zwischen 15 (kleiner Angelhaken) und 25 000 Euro (künstlerische Plastik) kaufen. Die Formen führen oft in die Welt der Maori: Die Spirale erinnert an die Form eines jungen, eingerollten Farnblattes und ist ein Symbol für das Leben, ein Angelhaken erinnert an die Legende, nach der einst Maui die Nordinsel aus dem Meer gefischt hat.

Die Jade Boulder Gallery in Greymouth bietet erstklassige Arbeiten, zum Teil von Maori-Künstlern. Eine Ausstellung erzählt interessant von der Geschichte und Verarbeitung der Jade (JBG, 1 Guinness Street, Greymouth, Tel: (03) 768 0700, www.jadeboulder.com).

Goldnuggets

Gold war der erste bedeutende Exportartikel der jungen Kolonie und wird bis heute in Neuseeland gefunden. Neben Minengesellschaften sind es vor allem Hobby-Goldsucher, die an der Westküste der Südinsel und in Otago ihr Glück versuchen – und es manchmal tatsächlich finden. Läden in Tourismuszentren wie Queenstown, Arowtown oder Hokitika bieten Nuggets an – Goldklumpen in ihrer natürlichen Form. Kleinere Stücke

Einkaufen

hängt man Damen um den Hals, faustgroße Teile eignen sich eher für gut bewachte Schreibtische. Der Preis richtet sich vor allem nach dem Gewicht und der Form und unterliegt Schwankungen der Börsenkurse.

Eyris-Perlen

Die blau schimmernden Eyris-Perlen sind ein Neuzugang unter den neuseeländischen Souvenirs. Sie werden von einem anderen Exportartikel produziert: Die Paua (auf Deutsch: Meerschnecke) ist eine handflächengroße Muschel, deren Fleisch vor allem in Asien als Abalone sehr hochgeschätzt wird. *Haliotis iris* kommt nur in Neuseeland vor und darf nur von lizenzierten Tauchern geerntet werden.

Wenn man die grau-weiße, unansehnliche Schale anschleift, tritt intensiv blaugrün schillerndes Perlmutt zutage. Einem Pauataucher von den abgelegenen Chatham Islands ist es nun gelungen, in der Muschelschale Perlen zu züchten. Diese Eyris Pearls, so genannt, weil ihre Farbe an die Iris des menschlichen Auges erinnert, entwickeln sich nun zum Welterfolg – Juwelengroßhändler haben begonnen, sie in den USA, Kanada und Italien zu verkaufen. Im Land selbst findet man Juweliere in allen größeren Städten. Für eine schöne Perle mit zehn Millimeter Durchmesser bezahlt man im Einzelhandel etwa 300 Euro.

Merinonerz

Das Opossum ist ein nachtaktives Beuteltier, sieht aus wie eine überfütterte Katze mit spitzen Ohren und einer verlängerten Schnauze und hat ein sehr weiches, braunschwarzes Fell. Um eine Pelzucht zu beginnen, hat man es 1837 aus seiner australischen Heimat nach Neuseeland gebracht. Hier hat es sich mangels natürlicher Feinde in den Wäldern ausgebreitet, frisst Bäume kahl und gefährdet endemische Vogelarten, weil es um deren Futter konkurriert und deren Eier vertilgt.

Um diese Schädlinge kleinzukriegen, haben wohlmeinende Neuseeländer begonnen, Possumfelle zu vermarkten. Die Unternehmerin Peri Drysdale aus Christchurch hat die Fellhaare mit Merinowolle gemischt. Das Resultat sind die leichtesten, wärmsten und weichsten Pullover der Welt. Das Merinomink wird unter dem Markennamen »Untouched World« verkauft und kostet 150 bis 300 Euro – nicht billig, aber im wahrsten Sinn des Wortes preiswert.

ROSE UND HEIDE (ROSE AND HEATHER)

Agathis australis, die Kauri, honigfarben und astfrei, ist der mächtigste Baum Neuseelands und wurde in der Pionierzeit radikal abgeholzt. Heute stehen Kauris unter Naturschutz. Holz, das auf den Markt kommt, stammt vor allem von Plantagen oder Privatland, wo Grundeigentümer zehn Prozent ihrer Bestände fällen dürfen. Eine dritte, ökologisch sympathischere Variante ist die Sumpfkauri: Stämme, die unter Luftabschluss in Sümpfen 10 000 Jahre und länger erhalten geblieben sind, werden heute von der Firma Rose and Heather in Auckland zu wunderschönen Möbeln verarbeitet. Läden sind in Auckland, Sydney und Melbourne zu finden, 60 Prozent der Produktion geht aber als Privatorder in alle Welt. Rose and Heather, P.O. Box 109-085, Newmarket, Auckland, Tel. (09) 520 4442, www.roseandheather.co.nz.

WEITERE INFORMATIONEN

Eyris Pearls: www.bluepeals.com;
Untouched World,
www.untouchedworld.com

Abenteuer, Wein, Wandern und mehr

47 Maori-Kultur

Von Kia Ora bis Poukana

Begegnungen mit Maori-Kultur sind für Reisende dort möglich, wo man mit ihren Kunstwerken – und hoffentlich auch den Maori selbst – in Kontakt kommt. Möglichkeiten bieten sich in Museen, Schnitzerwerkstätten, Kirchen, Versammlungshäusern und auf Tanzbühnen. Was die Worte im Titel bedeuten? Kia Ora heißt so viel wie Guten Tag, Poukana ist die Kunst, das Gesicht so grässlich zu verziehen, dass der Gegner Reißaus nimmt.

Wenn man die Schnitzarbeiten der Maori betrachtet, fällt es schwer zu akzeptieren, dass man eine Steinzeitkultur vor sich hat. Ganz oben: Bug eines Kriegskanus, Museum Whanganui. Oben: Versammlungshaus mit Schnitzereien und geflochtenen Panelen in Waitangi. Rechts oben: Der Pottwal krönt das Versammlungshaus von Whangara am Eastcape.

Maori haben 1000 Jahre lang in Neuseeland als Steinzeitvolk gelebt, ehe das Land 1840 von England annektiert wurde. Sie wohnten in einfachen Hütten ohne Fenster, Türen und Kamine, trugen Umhänge aus geflochtener Pflanzenfaser, geschmückt mit Vogelfedern oder Hundehaar und kämpften mit Waffen aus Holz, Jade oder Walknochen.

Heute stellen 588 000 Maori 14,7 Prozent der Bevölkerung Neuseelands. Es sind moderne Menschen, die zumeist in Städten leben, Häuser, Autos und Firmen besitzen und in allen Bereichen der Gesellschaft repräsentiert sind: Minister, Parlamentsabgeordnete, Ärzte wie auch Chauffeure von Bussen, Krankenschwestern und Häftlinge.

Besucher finden heute keine ursprünglichen Dörfer mit unverfälschter traditioneller Lebensweise vor. Es gibt auch wenig eigenständige Kirchenbauten und Siedlungsplätze, die einen Besuch wert sind. Das bedeutet nicht, dass altes Brauchtum heute keine Rolle spielt – im Gegenteil: Die Wiederbesinnung der Maori auf (polynesische) Sprache, Gedankengut und Traditionen hat in den letzten 30 Jahren eine Renaissance ihrer Kultur herbeigeführt. Man begegnet ihr an folgenden ausgewählten Plätzen:

Kerikeri Basin, Bay of Islands

Das Missionsgebäude von 1822 ist das älteste Gebäude Neuseelands. Rewa's Village ist der authentische Nachbau eines Maori-Dorfes. Man lernt auch viel über Pflanzen, Leben und Spiele der Maori (1 Landing Rd., Tel. (09) 407 6454). Von Kororipo Pa, dem befestigten Sitz der Kriegshäuptlinge der Nga Puhi am anderen Ufer des Flusses, zeugt heute nur eine Tafel, und das ist vielleicht ganz gut so. Noch um 1830 haben hier brutale Kannibalenfeste stattgefunden.

Maori-Kultur

Auckland Museum
Das Auckland Museum hat die weltweit umfassendste Sammlung zur Maori-Kultur und bietet auch Folkloredarbietungen. Auckland Domain, Tel. (09) 309 0443, www.akmuseum.org.nz, Eintritt zu Shows: 8 Euro, Museumseintritt inbegriffen.

Te Aurere, Auckland
Te Aurere ist ein seetüchtiges Doppelrumpfkanu – der einzige, fahrtentüchtige Nachbau jener Boote, mit denen Maori vor 1000 Jahren Neuseeland erreichten. Kleine Gruppen können mit einem Maori-Führer und der Besatzung ein bis drei Tage vor Auckland segeln gehen und polynesisch navigieren lernen. Wer es gerne bequem hat, kann luxuriös auf der Insel Waiheke übernachten. Navigator Tours Ltd., erreichbar unter Tel. (09) 817 1191, drei Tage, alles inklusive ab 600 Euro.

Te Puia, Rotorua
Das Thermalgebiet bietet die höchsten Geysire der südlichen Hemisphäre (bis 30 m). Für Besucher mit Interesse an Maori-Kultur hat man ein Maori-Dorf getreulich nachgebaut, führt Brauchtum, Schnitz- und Webkunst lebendig vor. Mittagskonzert mit Tanz. (Te Puia, Hemo Rd., Rotorua, Tel: (07) 349 3463, www.tepuia.com, deutsche Broschüre, Eintritt: 25 Euro.)

Whirinaki Forest bei Rotorua
Die Drei-Tage-Wanderung mit Maori-Führern durch eines der schönsten Waldgebiete Neuseelands vermittelt ein intensives Erlebnis: Man lernt viel über Natur und Maori, isst lokale Spezialitäten und schläft in einem bequemen Zelt auf Matratzen, es gibt heiße Duschen und Wassertoiletten. Nur für Leute, die 15 Kilometer an einem Tag gehen können. (John Panoho, Tel. (09) 817 1191, john@navigatortours.co.nz, 440 Euro.

Wanganui Regional Museum
Das Regionalmuseum besitzt eine der schönsten Maori-Sammlungen. Neben hervorragenden Schnitzarbeiten und Waffen bietet es die größte Kollektion von frühen Maori-Porträts, Ölgemälden, die Gottfried Lindauer aus Böhmen berühmt gemacht haben. (Wanganui Museum, Queenspark, Wanganui, Tel. (06) 345 7443, www.wanganui-museum.org.nz, Eintritt: 2 Euro

FESTMAHL HANGI
Hangi nennt man das traditionelle, im Erdofen gegarte Festessen der Maori: Dazu gehören Schwein, Lamm, Süßkartoffel, Gemüse und – wichtig – viel Dessert. Hangis sind – verbunden mit Folkloreabenden – sehr populär und werden in Rotorua von vielen Veranstaltern und Hotels angeboten. Reservierung ist immer nötig, Abholung vom Hotel im Preis inbegriffen.
Mai Ora heißt die Show im Thermalgebiet Te Puia und kostet 45 Euro. Tamaki Tours bietet Abende in einem nachgebauten Maori-Dorf bei Tumunui mit Transfers ab Rotorua (Tamaki Tours, Fenton/Pukaki Streets, Tel. (07) 346 2823, www.maori-culture.co.nz, 45 Euro). Familienunternehmen bieten weniger professionelle Darbietungen, sind aber intimer. Sehr schön ist es am Rakeiao Marae. (Rakeiao Marae, Rotoiti See, Tel. (07) 348 89 69, 40 Euro.)

Abenteuer, Wein, Wandern und mehr

48 Essen

Nationale Leidenschaft

Es hat Vorteile, von England kolonisiert worden zu sein – aber nicht unbedingt bei Tisch. Was die Gründerväter auf den Tellern Neuseelands angerichtet haben, war lange grundehrlich, nüchtern und langweilig. Erst die Reiselust – von Einwohnern und Besuchern – hat in den letzten 20 Jahren alles verändert. Heute ist Essen in Neuseeland ein vielgestaltiges, multikulturelles Vergnügen. Seine Spielregeln unterscheiden sich von europäischen Gepflogenheiten.

Neuseeländer essen frisch und viel. Man nimmt weiße Fische und zartes Fleisch, mariniert mit Ingwer, Chili und etwas Knoblauch, grillt und setzt alles neben einen Papierkorb voll knackigem Salat. Dazu gibt's Ciabatta und einen Sauvignon Blanc. Wer dann noch Platz hat – und das haben alle – löffelt zwei Fäuste Eiscreme mit einem Hut voll Beeren.

Alle bedeutenden kulinarischen Anstrengungen konzentrieren sich – entsprechend althergebrachter britischer Tradition – auf das Abendessen, das Dinner. Es findet außerhalb der großen Städte vergleichsweise früh statt – wer nicht bis spätestens um 20 Uhr bei Tisch sitzt, läuft Gefahr, hungrig zu Bett gehen zu müssen.

Es ist nicht gerade billig, in einem neuseeländischen Restaurant zu speisen. Schon mittelprächtige Restaurants verlangen 10 bis 15 Euro für einen Hauptgang, Spitzenrestaurants 14 bis 20. Es macht also Sinn, wirklich gut essen zu gehen. Tisch reservieren ist dann nötig. Abwechslung zu den Restaurants bieten vor allem Pubs. Die Kneipen, früher nur auf Pies, Pommes und Burger eingeschworen, haben sich in den letzten Jahren zu Spezialisten in deftigen Tellergerichten entwickelt. Dazu passt zum Beispiel eine Liveübertragung von einem Rugby-Länderspiel der All Blacks.

Alt, aber ganz gut

Als Relikt der kulinarischen Steinzeit hat »fish and chips« überlebt, das englisch geprägte Gegenstück zu Würstchenbuden. Hier kauft man in einer Stehbar gebackene Fischfilets mit Pommes frisch aus der Fritteuse. Wer keinen Haifisch mag, bestellt statt »fish« einen der ausgezeichneten Speisefische wie Gurnard, Terakihi oder Snapper.

Fish und Chips ist eine Institution, populärer als jede andere Mitnehmbar und Ziel von nationalen Meisterschaften. Champion war zuletzt der »Hot Tuna« im Zentrum von Paihia an der Bay of Islands. Das Ritual ist für Freitagabende reserviert. Der Kiwi steigt mit seinem Paket ins Auto, fährt zum nächsten Parkplatz mit Meerblick – er ist selten weit weg –, öffnet das Papier, schießt Ketchup aus einer mitgeführten Flasche zu und haut rein.

Am Nachmittag genießen englische Traditionalisten ihren »Devonshire Tea«.

Essen

Zum Tee oder Kaffee werden ofenfrische, noch warme »Scones« serviert. Dieses leicht süßliche Gebäck ist, wie die meisten Elemente der neuseeländischen Küche, aus England importiert. Man schneidet die Scones in zwei Hälften, die man nun nach Geschmack der Reihe nach mit Butter, Konfitüre und halbfester Sahne bedeckt.

Ein ganzjährig und leidenschaftlich ausgeübter Nationalsport ist Eisessen. Spezielle Dielen sind eher selten; meist holen sich die Neuseeländer ihre Eiscreme aus der »Dairy«, dem Tante-Emma-Laden an der Ecke. Die Portionen von »2 Scoops« aufwärts sind oft Ehrfurcht gebietend. Die besten, cremigsten und sündigsten Marken sind »Killinchy Gold«, »Kapiti« und »Rush Munro«, interessante lokale Sorten sind »Cookies and Cream« (enthält Keksstücke), »Hokey Pokey« (Kinderfavorit) und das Fruchteis »Boysenberry«.

Moderne, interessante Küche

Essen soll zu seinem Umfeld passen – in Neuseeland heißt das Frische, Natürlichkeit und Lockerheit. Oft isst man deshalb am besten in Brasserien und Abendcafés. Gute Lokale legen Wert auf rasche, pfiffige Zubereitung frischer Saisonware, experimentieren mit Fantasie und verfeinern ihre Kreationen mit Gewürzen aus Asien.

Gekocht wird viel mit Fisch; zu den besten Sorten von zumindest 80 gehören Gurnard, Groper, Terakihi, Snapper und Bluenose. Die vielen guten Sushibars servieren frischen Thunfisch und Wildlachs.

Die »greenlipped Mussels« sind eine heimische, viel gezüchtete Muschelart – sie werden manchmal mariniert angeboten – sehr viel besser schmecken sie in Wein gedünstet – eine Anleihe aus der französischen Küche. Zwei Minuten in den Pfannen zischen »Scallops«, Jakobsmuscheln, die in Neuseelands Meeren besonders rund und plump gedeihen. Austern werden an der Bay of Islands im Norden gezüchtet; Weltklasseexemplare stammen von den Austernbetten der eiskalten Foveaux Strait zwischen der Südinsel und Stewart Island.

Zur Luxuskategorie gehören auch drei Sorten Hummer: Ein kleiner (bis zu 15 cm) kommt in Flüssen vor, die großen krabbeln im hohen Norden am East Cape und an den Felsenküsten der Südinsel bei Kaikoura und am Fiordland National Park.

Vegetarier versäumen etwas in Kiwiland: Das Fleisch von Tieren, die stets im Freien grasen, versorgt mit reiner Luft und klarem Wasser, schmeckt ganz anders. Das beste Lamm kommt vielleicht aus Canterbury, am besten ist es in zwei speziellen Formen. Als »Rack of lamb« wird eine Lammseite mit den Rippen aufgestellt im Ofen geschmort. Man trennt die Segmente mit dem Messer auf dem Teller, greift den Knochen mit den Fingern und verputzt das zarte rosa Kotelett. »Lambshanks« ist die Lammhaxe, langsam im Ofen geschmort und oft auf Püree angerichtet, das sich mit dem Saft vermischt.

Auch Rindfleisch ist von ausgezeichneter Qualität. Das beste heißt »Fillet steak«, dann kommt »Ribeye« und dann »T-Bone«. Wer es rosa will, muss »medium rare« bestellen; »medium« ist bereits etwas zäh und »well done« kommt halb verbrannt auf den Tisch.

GEHEIMNISTRÄGER KUMARA

Die Süßkartoffel war für Maori, was der Reis für Chinesen ist. Sie garten Kumara im Erdofen oder trockneten sie in der Sonne, um sie für Wanderungen haltbar zu machen. In neuseeländischen Restaurants und Supermärkten wird man zwei Sorten finden: Rote Kumara schmeckt recht süß und wird mit Kürbis zu Wintersuppe verkocht. Gelbe Kumara oder goldene Kumara ist eine Neuzüchtung, die der Kartoffel näher steht und eher zu Fleisch passt.

Kumara stammen aus Südamerika und können durch Vogelflug nicht verbreitet werden. Der Norweger Thor Heyerdahl meinte deshalb, der pazifische Raum sei von Südamerika aus besiedelt worden, und man versuchte, die Reise mit dem Floß »Kontiki« nachzuvollziehen. Wahrscheinlicher ist es, dass Vorfahren der Maori auf ihren Entdeckungsreisen einst auch die Küsten Südamerikas erreichten und so die Kumara kennen und lieben lernten.

Abenteuer, Wein, Wandern und mehr

49 Weinanbau

Edle Tropfen aus Neuseeland

Wenn es einen Wein gibt, für den Neuseeland berühmt ist, so ist es der Sauvignon Blanc aus Marlborough – er fällt hier nuancenreicher, interessanter aus als sonst wo auf der Welt. Der Pinot Noir liegt nicht mehr weit zurück: Die Modetraube der letzten fünf Jahre wird auf der Südinsel in fast schon alpin zu nennenden Lagen angebaut – das Ergebnis fasziniert selbst internationale Experten.

Weinanbau hat vor 20 Jahren in Neuseeland kaum existiert – inzwischen keltern mehr als 250 Weingüter. Unter ihnen ist nur ein Riese – Montana – alle anderen Unternehmen sind Klein- und Kleinstgüter auf der Suche nach internationalen Erfolgen, die Nachfrage und Preise extrem beeinflussen. Zwei Beispiele: »Te Mata Estates Coleraine Cabernet Merlot 2000« wurde auf der Weltweinexpo in Bordeaux 2003 zum zweitbesten Rotwein der Welt gewählt. Das Weingut Villa Maria gewann in der International Wines and Spirits Competition in London 2004 Gold für Sauvignon Blanc und Riesling.

Auf einer Neuseelandreise allein den großen Namen zu vertrauen, wäre aber falsch. Man verliert das Vergnügen, einen Geheimtipp selbst entdeckt zu haben, und zweitens muss man auch bei bekannten Namen aufpassen – fast alle Weingüter haben neben guten auch mittelmäßige Weine im Programm. Bei Montana erkennt man die Spitzenweine an großen einzelnen Buchstaben auf dem Etikett, bei Villa Maria garantiert ein schwarzes Etikett die allerbeste Qualität.

Im Anfang war der Messwein

Die Hawkes Bay ist die Wiege des Weinanbaus und heute immer noch ein wichtiges Zentrum. Das lokale Informationszentrum hat einen Weinführer produziert, in dem 36 Güter verzeichnet sind, die man besuchen kann, mit dabei sind auch Gourmetlokale und Produzenten von Olivenöl. Craggy Range ist recht neu, aufwendig, wie sein Besitzer etwas amerikanisch breit und teuer, das Restaurant exzellent. Ngatarawa, Te Mata und Sileni sind kleinere Unternehmen, die große Weine produzieren. Auch Auckland hat eine ganze Reihe von Weingütern und seinen eigenen Weintrail. Dalmatier (Saibel, Brajkovich) und Libanesen (Corbans) haben hier den Anfang gemacht. Babich ist noch immer in Familienbesitz. Sein Irongate Chardonnay gehört zu den besten des Landes.

Ganz oben: Die Keller von Te Mata, einem Weingut in der Hawkes Bay. Mitte oben: Beim Lunch im Weingarten. Oben: Weinkost von St. Clair, einem größeren Produzenten in der Sauvignon Blanc Region Blenheim. Rechts und rechts oben: Das Weincentre in Martinborough weiß alles über die erstklassigen lokalen Pinot Noirs.

Weinanbau

Ein besonders pittoreskes Fleckchen zum Weintrinken liegt vor Aucklands Küste: Waiheke Island ist mit der Innenstadt durch regelmäßige Fähren verbunden, die in 45 Minuten die Insel mit inzwischen 6000 Bewohnern erreichen. Unter den Weingütern sticht Goldwater Estate durch Qualität hervor.

Kühle, sonnige Südlagen

Auf der Südinsel hat die Region Marlborough eine Sonderstellung. Hier liegt um Blenheim die sonnigste Ecke Neuseelands – und hier hat der Sauvignon Blanc sein großes Heimspiel. Entlang der Rapaura Road reiht sich Weingut an Weingut und vermittelt von allen Plätzen Neuseelands am ehesten das Gefühl, in einem Weinland zu sein. Zu den besten Produzenten gehören Cloudy Bay, Stoneleigh, Allan Scott und Villa Maria. Hunters, einer der Pioniere, hat vielleicht das schönste Restaurant, inklusive Swimmingpool für Gäste. Nelson liegt ein Stück weiter westlich und ist schon wieder ganz anders. Kunstverliebt, gebirgig, bekannt für Äpfel und Hopfen und auf organische Produkte ausgerichtet, tritt es eher als Weinkonsument hervor. Die Ausnahmen zur Bestätigung der Regel: Im Upper Moutere Valley liegt das Weingut Neudorf, berühmt für Chardonnays und Pinot Noirs. Wenn es stimmt, dass der Espresso in Italien besonders schmeckt, weil man den blauen Himmel mittrinkt, dann sollte man für den letzten Schluck Wein in Neuseeland nach Otago fahren. Das große Drama seiner Landschaften setzt sich in den Weingütern fort; selbst um die Alpenseen von Wanaka und Wakatipu erlauben Mikroklimata den Anbau. Bekannt sind die Produkte von Rippon (Wanaka), Chard Farm und Gibbston (Queenstown). Schon recht teuer, aber himmlisch gut sind die Pinot Noirs von Felton Road und Black Ridge. Wer Two Paddocks wählt, trinkt aus dem hervorragenden Privatweingarten des Schauspielers Sam Neill.

TOAST MARTINBOROUGH

Das Tal des Wairarapa bietet eine interessante Alternativroute nach Wellington. Das Dorf Martinborough, umstanden von grünen Hügeln, hat einen unerwarteten Grundriss – der Straßenplan ahmt die britische Flagge nach: ein Zeichen für die Liebe des Gründervaters Sir John Martin zu England. Rund um das Dorf liegen kleine Weingüter, die hervorragende Pinot Noirs produzieren. Oft schenken die Gutsbesitzer selbst ein – und sind so interessant wie ihre Weine. Viele von ihnen sind ehemalige Manager, die Karriere und Geld gegen ein ruhigeres Leben eingetauscht haben. Zu Sommerbeginn, im November, organisieren sie Toast Martinborough, die schönste Weinprobe im Land. Jedes der Güter tut sich für den Tag mit einem Spitzenrestaurant aus Wellington zusammen. Wer das Glück hat, eine der 10 000 Eintrittskarten zu ergattern, wandert per Fahrrad oder zu Fuß durchs Gourmetparadies (*www.toastmartinborough.co.nz*).

WEITERE INFORMATIONEN

Napier Visitor Information: 100 Marine Parade, Tel. (06) 834 1911,
www.napiervic.co.nz;
Goldwater Estate:
www.goldwaterestate.com,
Babich, *www.babichwines.co.nz*

Abenteuer, Wein, Wandern und mehr

50 Übernachten

Von BB, Lodge und Homestead

Auch nachts ist Neuseeland anders: »Hotel« nennt man hier traditionell eine Kneipe mit Betten im ersten Stock. Saubere Motels sind am weitesten verbreitet und bieten oft mehrere Schlafzimmer. Apartments für zwei, drei Tage werden vor allem in den Städten angeboten. Am spannendsten sind Lodges, ehemalige Herrenhäuser, und die Frühstückspensionen, wo man nicht nur in Teller und Töpfe gucken kann, sondern auch in die Lebensweise der Gastfamilie Einblick erhält.

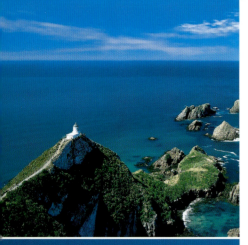

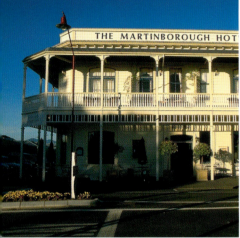

Richtige Auswahl der Nachtquartiere sollte in Internetzeiten kein Problem sein. Tatsächlich macht es Sinn, im Web zu streifen, um ein Gefühl für das Preisgefüge zu bekommen, denn die Unterschiede sind für sehr ähnliche Leistungen oft erheblich. Die letzte Wahl trifft man aber besser vor Ort.

Die erste Adresse einer Neuseelandreise ist die Lodge, manchmal auch Retreat, Homestead oder einfach House genannt. In den Tarifen von 150 bis 1000 Euro pro Nacht sind oft Gourmetdiners eingeschlossen. Lodges erinnern gerne an ihre oft herrschaftliche Vergangenheit. Das gilt fürs Interieur, den Service und auch für die Art, wie Gäste miteinander umgehen. Die Reisenden treffen sich vor dem Dinner zu einem Drink im Salon und werden vom Gastgeber miteinander bekannt gemacht. Nach netter Plauderei setzt man sich dann gemeinsam an die lange Mahagonitafel und speist zwei Stunden lang. Das ist angenehm, aber nur so lange alle Gäste wohlerzogen und konversationsfähig sind.

Bed and Breakfast (B&B) bietet neben Bett und Frühstück in aller Regel auch Familienanschluss. Das Spektrum reicht hier von schlichten Jugendherbergen bis zu herrschaftlichen Villen – und die Preise für zwei Personen spiegeln dieses Komfortgefälle wider (40 bis 400 Euro). Unsere 28 Empfehlungen – von Nord nach Süd:

Waitakeres: Bethells Beach Cottages

Zwei hübsche, komplett und modern eingerichtete Cottages, einsam gelegen an der wilden Westküste, 40 Minuten von Auckland. Nahrungsmittel mitbringen.
(2 Zimmer) Bethells Beach, Tel. (09) 810 9581, www.bethellsbeach.com

Auckland: Aachen House

Renovierte edwardianische Villa im zentral gelegenen Nobelviertel Remuera bietet B&B mit Herrenhausatmosphäre: Handgeschnitzte Mahagonibetten in den Schlafzimmern, Marmorboden im Frühstückszimmer. Dinner auf Wunsch.
(9 Zimmer) 39 Market Rd., Tel. (09) 520 2329, info@aachenhouse.co.nz

Übernachten

Auckland: Latitude 37
Neuer Apartmentkomplex im Stadtzentrum am Viaduct Harbour, Einkaufsmeile, Skytower und Fähren nahebei. Modern eingerichtet mit Autostellplatz in der Garage. Ein bis drei Schlafzimmer, zu mieten für eine Nacht oder mehrere Monate. Vorausbuchung notwendig. (95 Zimmer) Cnr. Packenham St. East and Customs St. West, Tel. (09) 307 8810, www.latitude37.co.nz

Coromandel: Bushland Park Lodge
Versteckt im Wald gelegen, deutsche Gastgeber, vier gemütliche Zimmer, viel Holz, offene Kamine, Kerzenlicht und eine Schwarzwald-Wirtschaft. (4 Zimmer) Wentworth Valley Rd., Whangamata, Coromandel Peninsula, Tel. (07) 865 7468, bushparklodge@xtra.co.nz

Rotorua: Solitaire Lodge
Kaum überbietbare Lage, allein für sich auf einer Landzunge, direkt am See Tarawera, Luxusausstattung, ausgezeichnete Küche. (10 Zimmer) Lake Tarawera, RD5, Rotorua, Tel. (07) 362 8208, solitaire@wave.co.nz

Taupo: Lake Taupo Lodge
Architektenpreis fürs Haus, Inneneinrichtung für Haus und Garten. Blick über Gärten auf Acacia Bay und Neuseelands größten See. Billard, Bibliothek, offener Kamin, 4-gängiges Dinner. (4 Zimmer) 41 Mapara Rd., Acacia Bay, Taupo, Tel. (07) 378 7386, lodge@reap.org.nz

Ruapehu: Powderhorn Ohakune
Urgemütliches, dreistöckiges Skihotel ganz aus Holz erbaut, am Rand des Tongariro National Park. Geheizte Badelandschaft unter Dach, lebhaftes Bistro mit guter Weinkarte, dazu ein preisgekröntes Restaurant. (31 Zimmer) Mountain Rd., Tel. (06) 385 8888, www.powderhorn.co.nz

Gisborne: Acton Estate
Die dreistöckige Villa vor Gisborne baute sich 1907 ein Geschäftsmann. Jüngst zum Hotel umgebaute komfortable Mischung von Stilmöbeln und Fußbodenheizung mit passendem Sportangebot: Tennis, Krocket, Petanque und Bogenschießen. (6 Zimmer) 577 Back Ormond Rd., Gisborne, East Cape, Tel. (06) 867 9999, Fax 867 1116, reservations@actonestate.co.nz

Napier: Te Pania
Moderner Glaskasten in bester Lage am Meer in Napier. Fitnessraum. (109 Zimmer) 45 Marine Parade, Napier, Tel. (06) 833 7733, www.scenic-circle.co.nz

Taranaki: Ahu Ahu Beach Villas
Vier Cottages, in denen alte Werftbalken verarbeitet wurden. Direkt am Meer bei Ohakura, New Plymouths Badestrand. (4 Cottages) 321 Ahu Ahu Road, RD4, Ohakura, New Plymouth, Tel. (06) 752 7370, www.ahu.co.nz

Wellington: Shepherds Arms Cottage & Hotel
Vielleicht Neuseelands ältestes Hotel (1870), nahe Parlament, liebevoll renoviert. Besonders schön: kleines Cottage mit Spabad und offenem Kamin. (14 Zimmer) 285 Tinakori Road, Wellington, Tel. (04) 472 1230, reservations@shepherds.co.nz

Die Hauptsaison im neuseeländischen Sommer reicht vom 26. 12. bis zum 30. 1., eng wird es nochmals für zehn Tage rund um Ostern. Außerhalb dieser Zeiten muss man nur wenig im Voraus buchen, so ein Quartier an den Gletschern von Fox und Franz Josef, den Hüttenpass für Mehrtageswanderungen und eine Pension in der Golden Bay.

Abenteuer, Wein, Wandern und mehr

Golden Bay: Sans Souci
Charmanter Gasthof mit ausgeprägten ökologischen Neigungen abseits der Hauptstraße. Adobebungalows im Garten, zentraler, gemeinsamer Waschraum (Duschen getrennt) und Schweizer Eigner, der zwar etwas eigenwillig, aber stets erstklassig kocht. (6 Zimmer) Richmond Road, Pohara, Golden Bay, Tel. (03) 525 8663,
www.sanssouciinn.co.nz

Nelson: Monaco Resort
Komfortable Cottages in Stoke, neben Nelsons (mäßig und nur tagsüber) betriebenem Flughafen. Swimmingpool, Restaurant, komfortabel.
(60 Cottages) 6 Point Rd., Monaco, Nelson, Tel. (03) 547 8233, www.monacoresort.co.nz

Nelson Lakes National Park: Lake Rotoroa Lodge
Unverfälschtes, elegantes Anglerhotel direkt am Lake Rotoroa. Drinnen, zwischen Nippes und Federnbetten, ist es wie in Bad Ischl; draußen wartet der Nelson Lakes National Park mit dichten Buchenwäldern und stillen Seen. Hervorragende Küche, unaufdringlicher Service. (10 Zimmer)
Lake Rotoroa, RD3, Tel. (03) 523 9121,
enquiries@rotoroa.co.nz

Nordcanterbury: Grasmere Lodge
Luxuriöses Boutiquehotel im umgebauten Herrenhaus einer Merino-Farm am Rand von Arthur's Pass National Park. Beheizter Swimmingpool im Freien, Rasentennis, Krocket. Kajak und Jagen nahebei. Fünf-Gänge-Dinner.
(9 Zimmer) State Highway 73, Cass, Canterbury, Tel. (03) 318 8407, retreat@garsmere.co.nz

Waiau: Sherwood Lodge
Luxuslodge ohne Steifheit im Bergland zwischen Christchurch und Kaikoura. In drei kleineren Schlafzimmern Preis ab 180 Euro für zwei. Darin eingeschlossen: 4-Gänge-Dinner und Frühstück. (6 Zimmer) 919 Sherwood Rd, RD1, Waiau, North Canterbury, Tel. (03) 315 6078
www.sherwoodlodge.co.nz

Kaikoura: Donegal House
Original irische Siedlerfamilie (1896) hat in schöner Lage moderne Replik eines irischen Farmhauses (2002) gebaut. Einfache, moderne Zimmer, schöner Garten, Restaurant; Bar mit 140 Whiskysorten. (13 Zimmer) Schoolhouse Road, RD1, Kaikoura, Tel./Fax (03) 319 5083,
www.donegalhouse.co.nz

Hanmer Springs: Tussock Peak Lodge
Die Thermalbäder in Hanmer Springs ziehen jedes Jahr eine Million Tagestouristen aus Christchurch an. Die 2004 eröffnete Lodge liegt den Bädern gegenüber, großzügig ausgestattet. (14 Zimmer)
Amuri Ave., Tel. (03) 315 5191,
www.tussockpeak.co.nz

Christchurch: Heritage Hotel
Renoviertes ehemaliges Regierungsgebäude am Hauptplatz, viel Raum fürs Geld, beheiztes Schwimmbad, Fitnessraum, Restaurant, Bar, Schönheitsspa. (40 Suiten, 135 Zimmer) 28 Cathedral Square, Tel. (03) 377 9722, www.heritagehotels.co.nz

Urlaub nicht daheim und doch zuhause – das bieten die Anbieter von Ferienhäusern. Das Angebot ist gross und reicht von Bruchbuden bis zu Herrenhäusern. Nach Regionen dargestellt und mit elektronischem Direktkontakt zum Vermieter bestückt sind zwei Internetadressen einen Besuch wert: www.holidayhouses.co.nz sowie www.holidayhomes.co.nz.

Übernachten

Rangitata-Tal: Mount Potts Lodge
Spektakulärer Ausblick auf die Alpen (Heliski im Winter) inklusive Berg, wo im »Herrn der Ringe« die Bergfestung Edoras stand. Die Lodge bringt 53 Leute unter, Restaurant kocht nicht nur für Hausgäste unangestrengt und gut. Mt. Potts Station, Rangitata, Tel. (03) 303 9060, www.mtpotts.co.nz

Queenstown: Copthorne Lakefront
Älteres Hotel in erstklassiger Lage, Spazierweg ins Stadtzentrum durch den Park. Gutes Preis-Leistungs-Verhältnis. (240 Zimmer) Corner Adelaide Street and Frankton Road, Queenstown, Tel. (03) 442 8123, www.copthornelakefront.co.nz

Queenstown: Peartree Cottage
10 Minuten von Queenstown entfernt gelegenes luxuriöses Cottage mit drei Hektar Garten für bis zu fünf Personen: Offener Kamin, Spa im Garten und viel altes Holz – Romantik pur. Rapid 51, Mountain View Road, RD 1, Queenstown, Tel. (03) 442 9340 www.peartree.co.nz

Queenstown: The Waterfront
Apartments in bester Lage am See. Jeweils zwei Schlafzimmer und Komplettküche. (19 Apartments) 109 Beach Street, Queenstown, Tel. (03) 442 5123, www.thewaterfront.co.nz

Dunedin: Corstorphine House
Prinz Charles hat bereits hier gewohnt. Prächtige Villa von 1863, der goldenen Zeit von Dunedin. Fünf Hektar großer Garten mit alten Bäumen und Rosen, dazu Blick auf die Stadt und das Hafenbecken. Auf Wunsch werden alle Mahlzeiten serviert. (6 Zimmer) 23A Milburn St., Dunedin, Tel. (03) 487 6676, www.corstorphine.co.nz

Westküste: Punakaiki Rocks
Modernes Hotel mit ökologischen Elementen, direkt am Strand, neben den Pfannkuchenfelsen. Restaurant und Bar und alle Räume im ersten Stock mit schönem Ausblick. (26 Zimmer) State Highway 6, Punakaiki, Tel. (03) 731 1844

Westküste: Wilderness Lodge Moeraki
Südliche Westküste, Regenwaldwildnis, menschenleere Seen und wilde Strände. Die Lodgebesitzer nehmen Natur so ernst wie gutes Essen. Frühstück und Gourmet-Dinner sowie Kanus und geführte Wanderungen inklusive. (22 Zimmer) State Highway 6, Moeraki, Tel. (03) 750 0881, www.wildernesslodge.co.nz

Franz Josef: Holly Homestead
Gemütliche Frühstückspension etwas außerhalb gelegen. Die Gäste haben ihren eigenen Aufenthaltsraum. Vorausbuchung ist unbedingt notwendig. (4 Zimmer) State Highway 6, South Westland, Tel. (03) 752 0299, www.hollyhomestead.co.nz

Fox-Gletscher: Te Weheka Inn
Netter Neubau (2001) in Fox, dem ruhigeren der beiden Gletscherdörfer am Westland National Park. (20 Zimmer) State Highway 6, Fox Glacier, South Westland, Tel. (03) 751 0730, www.teweheka.co.nz 20 Zi

WIR SPRECHEN DEUTSCH

Nach ein, zwei Wochen in einem fremden Land mit fremden Sitten ist es nicht ungewöhnlich, sich nach vertrauten Tönen und Gerüchen zu sehnen. Aufenthalt oder Abendessen bei Landsleuten bietet eine Gelegenheit, dieser Sehnsucht nachzugeben. Man sollte diese Entscheidung nicht leichtfertig treffen.

Sie, der Reisende, sind so weit weggefahren, weil Sie keine Landsleute mehr sehen wollten. Der Gastgeber ist nicht nur Landsmann, sondern auch Emigrant, also im Zwiespalt und auf der Suche nach einem, vor dem er seine Entscheidung rechtfertigen kann. Das Gespräch mag, mit steigendem Alkoholpegel, etwa folgenden Verlauf nehmen.

In der ersten Phase, dem Tele-Patriotismus, erinnert sich der Emigrant-Gastgeber nur an das Gute und findet alles an der alten Heimat schön und heil. Vor diesem Hintergrund wird Emigration (und Reisen) fragwürdig.

Dies leitet die zweite Phase ein. In ihr erinnert sich der Emigrant (und der Gast) an alles, was daheim »danebengeht« und kratzt. Dies wird den Gast (manchmal zum eigenen Erstaunen) zu Verteidigungsreden anstacheln.

Der Streit endet, oft unvermittelt, in der dritten Phase: Sentimentalität und Verbrüderung. Sie ist oft auch bedingt durch die Notwendigkeit, einander auf der Suche nach einer weiteren Flasche zu stützen.

Es fällt einem nicht leicht zu akzeptieren, dass dieses Foto von Lake Tekapo im Winter nicht digital aufgebessert worden ist. Die unwirkliche Wasserfarbe kommt durch den Druck jener Gletscher zustande, die den See speisen. Sie zermahlen auf dem Weg zu Tal Gestein, das sich erst im Eis bindet und dann im Wasser freigesetzt wird. Wer's nicht glauben will, wird einmal selber Nachschau halten.

Ganz oben: Weitblick auf der Tongariro-Crossing-Wanderung im gleichnamigen Nationalpark. Mitte oben: Maoritänzerin und Baumfarn (oben). Der Blick zum Arthurs Pass (rechts), Hauptalpenübergang zwischen Canterbury und Westland ist ein Synonym für Neuseelands Natur: schön, grandios und etwas furchteinflößend.

Register

Abel Tasman National Park 76
Akaroa 102, 104, 105
Auckland 12, 15, 20, 32, 34, 36, 142, 154, 156
Avon 98

Balclutha 108, 132
Banks Peninsula 102, 104
Bay of Islands 20, 24, 27
Bay of Plenty 54
Blenheim 155

Cape Kidnappers 57
Cape Reinga 20, 21
Cape Runaway 54
Cape Van Diemen 22
Cape Wanbrow 109
Cathedral Cove 39
Catlin Lake 134
Catlins 132
Christchurch 98, 100, 101, 102, 145, 158
Clifden 131
Clifden Caves 131
Colac Bay 131
Collingwood 76
Cook Strait 69
Coromandel 36, 38, 157

Drury 35
Dunedin 108, 112, 114, 115, 132, 159

East Cape 54

Fjordland National Park 128, 131
Fletcher Bay 38
Foveaux Strait 136
Fox 88, 89, 159
Franz Josef 88, 89, 159
French Pass 68

Gisborne 54, 55, 157
Glenorchy 91
Golden Bay 74, 76, 77
Golf von Hauraki 32
Gore 132
Greenstone Creek 82
Greymouth 148

Haast River 90
Halfmoon Bay 136
Hastings 57
Hauraki Golf 36
Havelock North 57
Haw- kes Bay 56
Hawkes Bay 12, 56, 154
Hokitika 81
Hollyford Valley 124

Invercargill 132, 134, 135, 136

Jackson Bay 90

Kaikoura 92, 95
Karamea 80, 145
Kauaeranga Valley 36
Kawarau 122
Kenepuru 68
Kerikeri 24, 26
King Country 48
Kororareka 26

Lake Monowai 131
Lake Pukaki 106
Lake Rotomahana 43
Lake Taupo 46
Larnach's Castle 119
Lyttleton 102, 104

Mackenzie Country 107
Manakau 92
Manapouri 130
Manukau 32
Manutuke 55
Maori 14, 20, 40, 94, 104, 136, 140, 147, 148, 150, 151, 153
Marian Camp 124
Marlborough 154, 155
Marlborough Sounds 68
Marokopa 49
Matauri Bay 20
Maunganui 46
Milford Sound 124, 125, 128, 139
Mirror Lakes 124
Moeraki 110
Mount Aspiring National Park 90, 91
Mount Cardrona 123
Mount Christiana 124
Mount Cook 16, 88, 106, 107
Mount Cook National Park 106
Mount Pisa 123
Mount Taranaki (Mount Egmont) 47
Mount Tasman 88, 106
Moutere Valley 72
Muriwai Beach 29

Napier 12, 56, 57, 157
Nelson 70, 72, 73
Nordinsel 14, 18
Northshore City 34

Oamaru 108
Oban 138
Okarito 81
Otago 90, 111, 114, 116, 118, 155
Otakou 116
Otorohanga 48

Paihia 27
Pancake Rocks 85
Paparoa Nationalpark 82
Pelorus Sound 68
Picton 68, 69
Pohara 74
Poor Knights Islands 28
Pororari-Fluss 85
Porpoise Bay 134

Queen Charlotte Sound 68
Queenstown 16, 91, 108, 120, 122, 123, 159

Rakiura National Park 138
Rangitoto 34
Raukumara 52
Riverton 131
Rotorua 40, 42, 43, 142, 151
Ruakuri Cave 49
Ruakuri Caves 49
Ruapehu 51, 157
Ruapuke 139
Ruatoria 54
Russell 26

Shantytown 80
Shotover River 120
Snares Group 138
Southern Alps 16
Spirits Bay 21
St Arnaud 73
Stewart Island 136, 138, 139
Südinsel 15, 16, 67
Surville Cliffs 21

Takaka 74
Taranaki 157
Tarawera 43
Tasman Bay 73
Tasman-See 20, 35, 58, 82, 125
Tata Beach 76
Taumarunui 59
Taupo-See 50
Te Anau Wildlife Centre 130
Te Kuiti 48
Te Mata Peak 57
Te Puia 42, 54
Te Waewae Bay 131
Te Wahi Pounamu 90
Te Whanganui A Hei 38
Three Kings Islands 21
Tikitiki 52
Tolaga Bay 54
Tongariro National Park 50
Totaranui 77
Tutukaka 28
Tutukaka Bay 28

Ulva Island 138
Urewera Nationalpark 47

Wagener Museum 21
Waihau Bay 54
Waihi 38
Waikaremoana 47
Waipoua 28
Wairakei 46
Waitakere 29, 32
Waitangi 24, 26
Waitangi National Reserve 26
Waitomo Caves 49
Waitomo Valley 48
Wakatipu 122
Wakefield 72
Wanaka 16, 91
Wellington 34, 42, 47, 52, 55, 57, 60, 62, 63, 64, 65, 157
Westland National Park 88, 89
Whakapapa 51
Whangamata 39
Whanganui 58
Whanganui River 58
Whangaparaoa 35
Whangara 54
Wharariki Beach 76
Whitianga 38
Whitianga Harbour 38

Der Abschied fällt schwer. Ganz oben: Blick vom Te Mata Peak auf die Hawkes Bay. Mitte oben: Aussicht auf das Naturschutzgebiet der Mercury Bay an der Coromandel. Oben: Von der Sommersonne verbrannte Schafweiden in der Provinz Marlborough im Norden der Südinsel. Nächste Seite: Monroe Bay, Westküste, Südinsel.

Impressum

Unsere Gesamtverzeichnis finden Sie unter: www.bruckmann.de
<http://www.bruckmann.de>

Produktmanagement: Joachim Hellmuth
Textlektorat: Anette Späth
Graphische Gestaltung:
graphitecture book, Rosenheim
Karten: Astrid Fischer-Leitl, München
Herstellung: Bettina Schippel
Repro: Repro Ludwig, Zell am See
Printed and bound in Italy
by Printer Trento

Alle Angaben dieses Bandes wurden von den Autoren sorgfältig recherchiert und vom Verlag auf Stimmigkeit und Aktualität geprüft. Allerdings kann keine Haftung für die Richtigkeit der Informationen übernommen werden.
Für Hinweise und Anregungen sind wir dankbar.

Zuschriften an den:
Bruckmann Verlag,
Produktmanagement,
Postfach 400209,
D-80702 München,
E-Mail: lektorat@bruckmann.de

Umschlagvorderseite:
Oben: Vulkan Tongariro
Mitte: Otago bei Dunedin
Unten: Skyline von Auckland
Umschlagrückseite: Historisches Kirchengebäude an der Bay of Islands, Im Museum Whanganui, Hafen von Akaroa
Seite 1: Auf dem Marlboro Weinfest Blenheim, Südinsel
Seite 2/3: Lake Pukaki
Vordere Klappe: Krieger aller Hautfarben
Hintere Klappe: Vulkan auf White Island

Alle Abbildungen von Wolfgang Emmler mit Ausnahmen von S. 64 unten (World of Wearable Art & Classic Cars)

Die Deutsche Bibliothek –
CIP-Einheitsaufnahme

© 2009 Bruckmann Verlag GmbH, München
Alle Rechte vorbehalten
ISBN 978-3-7654-4750-1

Unser komplettes Programm:
www.bruckmann.de